本丛书编委会 ◎ 编

雷锋的故事

LEIFENG
DE GUSHI

BENCONGSHU
BIANWEIHUI BIAN

世界图书出版公司
广州·北京·上海·西安

图书在版编目（CIP）数据

雷锋的故事/《青少年必读丛书》编委会编.—广州：广东世界图书出版公司，2009.10（2024.2 重印）

（青少年必读丛书）

ISBN 978-7-5100-1094-1

Ⅰ．雷… Ⅱ．青… Ⅲ．①学习雷锋—青少年读物②雷锋（1940～1962）—生平事迹 Ⅳ．D648

中国版本图书馆 CIP 数据核字（2009）第 170142 号

书　　名	雷锋的故事 LEI FENG DE GU SHI
编　　者	《青少年必读丛书》编委会
责任编辑	吴怡颖
装帧设计	三棵树设计工作组
出版发行	世界图书出版有限公司　世界图书出版广东有限公司
地　　址	广州市海珠区新港西路大江冲 25 号
邮　　编	510300
电　　话	020-84452179
网　　址	http://www.gdst.com.cn
邮　　箱	wpc_gdst@163.com
经　　销	新华书店
印　　刷	唐山富达印务有限公司
开　　本	787mm × 1092mm　1/16
印　　张	13
字　　数	160 千字
版　　次	2009 年 10 月第 1 版　2024 年 2 月第 10 次印刷
国际书号	ISBN 978-7-5100-1094-1
定　　价	49.80 元

版权所有　翻印必究

（如有印装错误，请与出版社联系）

前言

Qing shao nian bi du cong shu

"学习雷锋好榜样,忠于革命忠于党,爱憎分明不忘本,立场坚定斗志强……"一首《学习雷锋好榜样》唱遍中国。几十年来,全国上下涌现出许许多多个活雷锋。

但是,雷锋有着怎样的身世?他又是如何为人们服务的?……这些具体的内容又有几人知道?《雷锋的故事》记录了雷锋的生平事迹,再次带你与雷锋一起同呼吸、共命运,感受雷锋的气息。

雷锋是中国人民解放军的模范战士,社会主义时代的青年标兵。他在短短的22年人生成长历程中,并未做过惊天动地的大事,他只是默默无闻地做着点点滴滴的平凡小事。这些平凡的小事中,充分展现出了他"毫不利己,专门利人"和"永不生锈的螺丝钉"精神。雷锋每一步平凡的足迹都震撼着我们每个人,他的形象会在我们的心灵深处永驻,激励着我们一代代人茁壮成长,成为我们前进道路上的指路明灯。

　　本书以雷锋的成长历程为线索,向同学们娓娓讲述了雷锋平凡而伟大的感人事迹;为了便于大家阅读,我们在书中配置了插图,相信大家定能从中收获更多,从而帮助大家更好地学习和成长,并将雷锋精神发扬光大。

青少年必读丛书

Qing shao nian bi du cong shu

目 录

一、不幸的家庭 …………………………………… 1

二、孤儿痛打地主崽 ……………………………… 6

三、勇斗地主婆 …………………………………… 9

四、光荣的任务 …………………………………… 11

五、我把党来比母亲 ……………………………… 14

六、争当接班人 …………………………………… 19

七、热爱集体，乐于助人 ………………………… 23

八、认真工作，勤奋学习 ………………………… 27

九、团山湖雨夜 …………………………………… 32

十、乐学驾驶技术 ………………………………… 37

十一、漆黑夜勇护"铁牛" ……………………… 40

十二、与女同志的纯朴相处 ……………………… 45

十三、赴鞍钢一路做好事 ………………………… 50

十四、鞍钢新工人 ………………………………… 56

十五、建新厂雷锋争吃苦 …………… 62

十六、突击队何惧脏与累 …………… 71

十七、真挚的友谊 …………………… 77

十八、绿色军营 ……………………… 84

十九、革命勤奋好学的"傻子" …… 89

二十、光荣入党 ……………………… 94

二十一、对同志春天般温暖 ………… 99

二十二、列车上的温暖 ……………… 104

二十三、雷锋的烈属亲娘 …………… 108

二十四、虚心听取意见 ……………… 115

二十五、勇闯险关 …………………… 117

二十六、订措施保安全 ……………… 122

二十七、宿营不扰民 ………………… 124

二十八、鱼水情深 …………………… 126

二十九、顾全大局 …………………… 134

三十、抵制庸俗节目 ………………… 138

三十一、让荣誉律身 ………………… 141

三十二、永生的战士 ………………… 147

雷锋日记选 …………………………… 151

一、不幸的家庭

1940年12月18日，雷锋出生在湖南省望城县安庆乡简家塘村一个贫苦农民的家庭里。那是一个动乱的年代，抗日的烽火燃遍祖国大江南北，国民党军队在日寇的进攻面前节节败退，祖国的锦绣河山，一大片一大片地沦入敌手。不久，日寇的铁蹄遍及两湖地区。湘江两岸真是豺狼当道的世界：伪军、汉奸、走狗为非作歹，残害百姓，劳苦的群众处于水深火热的灾难中。

雷锋出世以后，旧社会给予这个小生命的，是一次又一次沉重的打击。

父亲雷明亮，从小和爷爷靠佃种地主的田过活。1926年初至1927年秋，在毛主席领导的势如暴风骤雨的湖南农民运动中，雷明亮参加了农民协会，任自卫队队长，勇敢地和土豪劣绅作斗争。大革命失败后，他到长沙市仁和福油盐号当了挑夫，终年奔波在湘江两岸。抗日战争的第二年，在日寇大举进攻面前，国民党军节节溃退，不顾人民死活，放火焚烧了长沙城。资本家逼着雷锋的父亲去江边运货，路上遭到国民党逃兵的毒打，内伤成疾。他回到简家塘，带着伤病种田、抬轿子、打零工，维持一家半饱的生活。1944年，日本侵略军侵占长沙一带，长宁公路上到处布满了日寇的岗哨。由于父亲反抗日寇抓夫，又惨遭毒打，回家后，内伤愈加严重，无钱医治，终于在1945年春天死去，年仅36岁。临终前,他对痛哭的妻子和孩子们说:"不要怕那些狗豺狼,只要活着就要报仇!"

面对这个沉重的打击,母亲哭得死去活来。她披散着头发,就像傻了一样。家里要吃没吃,要穿没穿,怎么把三个孩子拉扯大呀?真是叫天天不应,呼地地无声。

在乡亲们的劝慰下,妈妈挺起了身子。她相信终有一天会熬出头来。

在那个黑暗悲惨的年月里,湘江边常常传来凄厉的哭叫,大路边常常看见饿倒的尸体。小雷锋还不懂事,他只知道冷了叫妈妈,饿了叫妈妈:

"妈妈,我饿,我要吃饭呵!"雷锋的哭声,像锥子扎着妈妈的心。

哥哥雷振德,出生于1932年。父亲死后,当时年仅12岁的他就毅然离家三百余里,到津市一家机械厂当了童工。小小的年纪,经不起繁重劳动的折磨,他不久就得了"童子痨"(肺结核)。

一天,他突然昏倒在机器旁,被机器轧伤了胳膊和手指。狠心的资本家见再也不能从这个孩子身上榨取多少油水,就把他赶出了工厂。他带着病残的身体回到家里,伤势稍好,又到江边荣湾镇一家印染作坊做了童工。由于劳累过度,肺病一天天加重,瘦成了皮包骨,又没有钱医治,就在父亲死后的第二年,哥哥也死去了。妈妈抱着哥哥的尸体悲愤地号哭,小雷锋也紧紧拉着哥哥冰冷精瘦的手,跺着脚大声哭喊:"我要哥哥,我要哥哥!"

哥哥僵直地躺在那里,再也不能和小雷锋说话了,再也不能领着小雷锋到村子里去玩了。

家里的生活更困难了。不到周岁的小弟弟又得了伤寒病,也死在妈妈的怀里……

一个连着一个的打击，使妈妈再也哭不出声来。现在，家里只剩下妈妈和小雷锋了。妈妈抱着小雷锋，雷锋紧偎着妈妈。吃人的旧社会呵，就是这么残酷无情地对待勤劳而善良的人们。

妈妈张元满是湘江岸边一个穷铁匠的女儿，由于她为人纯朴善良，左邻右舍都亲切地叫她"雷一嫂"，她的身世充满了灾难。由于家境贫困，父母无力抚养，她出生几天就被送进长沙一家育婴堂。

简家塘附近一个姓杨的贫农妇女在育婴堂当奶娘，非常喜爱这个铁匠的女儿，就设法抱回家来，养到五六岁，也无力抚养了，便把她送给雷家做了童养媳。十几岁结婚便开始操持一家人的生活。她曾给资本家的医院做过女工，给人刺过湘绣，打过草鞋，领着孩子讨过米，也到地主家当过女佣人。她挺着腰杆同旧世界抗争，要为孩子争个出头之日。但她年复一年地奔波劳累，换来的却是数不尽的灾难。

雷锋的母亲不仅心地善良，而且心灵手巧，一手好针线活儿，在村子里小有名气。地主唐四滚子的女儿要出嫁，指名要雷一嫂做嫁妆，说做得好不会亏待她。她把雷锋寄养在隔壁六叔奶奶家里，自己去了。这个坚强的妇女在唐四滚子家的深宅大院却受尽了凌辱和迫害。在那暗无天日的社会里，她有冤无处申，有苦无处诉，怀着满腔仇恨离开了唐家那座人间地狱。回家以后，她很少言语，很少出去，时常背着雷锋暗自落泪，有时独自到雷锋爸爸的坟上痛哭一场。眼前一切昏沉沉、黑压压的，她被折磨得失去了生活的勇气。

1947年中秋节的晚上，一个姓刘的大地主在祠堂门前唱起了中秋影子戏。雷锋知道妈妈心里不痛快，就跑回家来找妈妈一起去看戏。他推门一看，只见妈妈坐在床上，泪痕满面，便一头扑到妈妈怀里说：

"妈妈,看戏去,看戏去!"

妈妈的泪水一串串滴落在雷锋的脸上、身上,两手紧紧抱住他说:"孩子,你还这么小,要是没有了妈妈,你可怎么活呀!"

小雷锋哪里听得懂妈妈这句话的意思,他用小手轻轻擦着妈妈脸上的泪水,说:"妈妈,你不要哭,我不离开你!"

妈妈用发直的眼神把自己唯一的亲人、唯一的孩子,看了又看,亲了又亲,长长地叹了一口气说:

"看你这小手小脸弄得这么脏,来,妈妈给你洗一洗吧!"

妈妈打来一盆清水,把雷锋的手和脸洗干净了,然后,又把他拉在身边,紧握着他的小手说:

"庚伢子(雷锋的小名),你一定要记得你的亲人是怎么死的!"

"妈妈,这些事我都记得。"

"孩子,你记得亲人的死,更要记得亲人临死前的话呀。"

"记住了,妈妈,长大了我要报仇!"

妈妈脱下外衣,给他穿在身上,哽咽着说：

"孩子,穿上这件衣服,少挨些蚊子咬,往后妈妈就不能再疼你了……"

"妈妈!"雷锋迷惑不解地抓住了妈妈的衣襟。孩子哪里知道,这个昏暗忧伤的夜晚,就是他们母子生离死别的时刻!

妈妈借故把雷锋托付给隔壁六叔奶奶照看,回到了自己的屋里……

第二天清早,当雷锋跑回家时,只见妈妈已悬梁自尽。他急忙扑上去,紧紧抱住妈妈的两腿,哇的一声哭起来,不住声地喊叫着：

"妈妈!妈妈!……"

然而,这位年仅36岁,饱受凌辱、摧残的母亲再也听不见儿子的呼唤,再也不能照料自己的孩子了。

这个善良的女人,丈夫的惨死,她挺住了;两个儿子的死,她没有失去活下去的勇气;长年累月的苦难生活的折磨,她默默地承受住了;可是,在地主的侮辱与损害面前,她只好含着满腔的仇恨,悬梁自尽了。她的死,是对万恶的旧社会的控诉。

三年之间,接连死去了四个亲人;三年之间,家破人亡,从此雷锋成了一个孤儿。

二、孤儿痛打地主崽

穷帮穷,苦怜苦。雷锋的六叔奶奶眼见这孩子失去了父母,生活无依无靠,便伸出了援助的手,把小雷锋收养在自己的家里,虽然,他们家也是在艰难中生活。

叔叔婶婶们给雷锋一些温暖,好心的乡亲们有时候给他缝缝补补。但是,雷锋是个懂事的孩子,他瞧着叔祖母都挺困难,小小年纪就上山砍柴。饥寒交迫、日晒雨淋的生活,使他脊背上生了一个"背花疮"。开始,疮头还只有指甲大小,谁知后来越长越大,没过几天竟成了一个大脓包。六叔奶奶急得没法儿,天天弄草药给他治疗。

彭德茂大叔是一个热心肠的山里汉子,过去给人抬轿子、打零工,现在拉黄包车,也经常给小雷锋带些药来,想方设法帮助他治疗。

这一天,雷锋忍着疮痛,拿着讨米袋子出外讨米了。当他走到刘家祠堂的田边小路时,迎面碰到一个手撑洋伞、身着绸衫、肩挎盒子枪的人。雷锋晓得他是刘家祠堂的人,名叫刘少黎,在日伪时期当过汉奸,国民党来了又摇身一变当了连环乡大队长,到处为非作歹,无恶不作。雷锋轻蔑地瞟了他一眼,照样朝前走,没有让路。两人擦身而过时,刘少黎嗅到雷锋身上有一股脓血气味,忙用手帕掩住鼻子,一瞪眼珠子,哼唧地骂道:"滚滚滚,穷骨头!

到这儿来转悠什么？"

"大路朝天，各走半边我愿意。你管不着！"雷锋昂头顶了他一句。

"你这穷小子，胆敢顶撞我？"刘少黎怒不可遏，挥拳要打，雷锋已经跑远了。

小雷锋跑了好一阵，又累又饿，想到山里找点野果充充饥或是找户人家讨口饭吃，便拐进公路边的山林中。走了不远，他看见一幢白粉壁砖瓦大屋，心想：这准是一户财主，就是饿死，也不能低声下气向这些人讨东西吃。正在这时，那大瓦屋里蹿出一条黑狗，朝雷锋扑来，他边退边弯腰捡起一块石头，飞快地爬上一棵树，那狗蹿到树下仰头狂吠。雷锋攀在树上，把石头照准狗头狠狠打下去，那狗夹着尾巴汪汪地嚎叫着跑了。雷锋从树上下来，那屋里跑出一个穿着马褂子的地主崽子，上前揪住雷锋，连踢带打。

"哪里来的小叫花子，敢打本少爷的狗，这不是打狗欺主？"

"我就打了！欺了！你能怎么样？"小雷锋的倔脾气也上来了，他一点也不怕，猛劲挣脱开，抡起讨米袋子，扫在地主崽子的脸上，转身跑掉了。当他钻进树林时，手被杉刺扎出了血，背上的疮口痛得钻心，用手一摸，又是脓又是血，知道是脓包被杉刺扎穿了。他连忙把衣服脱下来，淋着细雨，打着赤脚，踩着泥泞的路，愤愤地走出树林，上了公路。

这时，忽听有人叫他，雷锋回头一看，是彭大叔拖着空车子朝他跑来。小雷锋高兴地迎上去。

彭德茂大叔把车子停在路旁，见雷锋背上流着脓血，连忙把他扶到车上坐了。雷锋一五一十地讲了刚才的遭遇。彭大叔气愤地骂道："这些狗崽子，没得日子逗凶了，叫他们等着吧，到时候非收拾他们不可！"

"收拾他们？"听了彭大叔的话，小雷锋有些不解地望着他。

彭德茂用自己的汗巾一边给雷锋抹擦脓血，一边小声告诉他："听城里工人说，我们穷苦人有盼头了，北方好多地方都盼出头了。"

"盼出头了？"雷锋瞪着惊喜的大眼睛问。

"毛主席、共产党领导的人民解放军打败了国民党军队，把城里的官僚资本家、乡间的恶霸地主都打翻在地，穷苦人翻身的日子就快来了！"彭大叔高兴地悄声告诉小雷锋。

"大叔，共产党、解放军会不会到我们这儿来呀？"雷锋听得入了神，忘了伤口痛，急切地问。

彭大叔轻轻拍着小雷锋的头，语气坚定地说："会来的。不过，这些话现在还不能随便讲出去，懂吗？"

"嗯。"小雷锋听话地点了点头。

彭大叔拉着车子，将小雷锋送到简家塘。六叔奶奶一看雷锋被杉刺扎破的背疮，还在不停地淌着脓血，心疼得不得了。彭大叔让老人先用凉茶水给孩子洗洗疮口，自己转身去买药。六叔奶奶刚刚给雷锋洗完疮口，彭大叔就买回来一小包药粉，说："这药粉专治背花疮，洒几回就会好的。"在六叔奶奶和彭大叔的悉心照顾下，小雷锋的病终于好了。

三、勇斗地主婆

　　财主家的孩子,穿红着绿,雷锋却不眼馋,财主家的孩子吃鱼吃肉,雷锋却不嘴馋,可是,当他每次走过学校,看到有钱人家的孩子背着书包上学校,听到从学校里传出琅琅的读书声,他是多么羡慕呀!然而,他没有这个机会,他只好带着砍刀,默默地走上山去。1949年初夏的一天早上,雷锋磨了柴刀,约了几个小伙伴一块出外砍柴。"田旁路边的柴草浅,哪块子柴好?"雷锋问大伙。

　　"蛇形山!"小伙伴异口同声答道。

　　"那我们就上蛇形山!"雷锋说着就背起了扦担。

　　"我不去!"有个小孩说,"蛇形山是徐二恶婆家的,到那去砍柴,叫那婆娘看见可不得了。"

　　雷锋听了,眼珠一转,想了想说:"怕什么,遍山柴草是风吹绿的、雨浇大的,关她徐家屁事!我们一块去,砍的砍,捆的捆,担了就走。今天,我们偏要上上蛇形山!"

　　"对,我们没柴烧,她家存有隔年柴,砍得!"小伙伴们异口同声地跟着雷锋走了。

　　蛇形山离六叔奶奶家不远,绕过简家塘就是"蛇尾巴",一眼望去,真像一条巨蟒,树密柴深。雷锋和小伙伴们一进山,就一齐下手砍起柴来,砍一担挑一担,最后只剩下雷锋帮助一个孩子在捆柴。

正在这时,徐二恶婆进了山,看到山边茅柴被砍了一大片,可把这婆娘气坏了。她看到雷锋正在捆柴,便暴跳如雷地扑上去:"看老娘抓住你,剥你的皮……"

雷锋一边保护身边的小伙伴,一边挑起柴就走。那恶婆几步蹿到他面前,掀翻了柴担,恶声骂道:"穷鬼崽子,好大胆,敢到我家山上来砍柴!"

"茅柴不是你栽的,人人砍得!"雷锋理直气壮地反驳。自打在彭大叔那里听到共产党、解放军领导人民闹革命,穷苦人就要翻身得解放的消息后,雷锋心里就憋了一股劲,他在地主、坏蛋面前,胸脯挺得更高,腰杆站得更直了。徐二恶婆气得直跳,破口大骂,她一把夺过雷锋手里的柴刀,向雷锋砍来。雷锋顺手抓起扦担,一边抵抗一边喊小朋友快跑。徐二恶婆上前抓住雷锋手中的扦担,挥起柴刀在雷锋手背上连砍几刀,顿时鲜血直流。雷锋忍着剧痛,怒吼一声,向徐二恶婆一头顶去,把恶婆顶翻在地。雷锋乘机夺回柴刀,挑起柴就跑。鲜血,顺着雷锋的手指滴落在山路上。

那恶婆爬起来,正要追赶,忽见一群孩子举着柴刀站在塘基上,心里不禁打起寒颤来。她想起近来一些传说,说共产党快来了,穷人要得势了,吓得她不敢再追,只站在山里乱骂一阵,就回去了。

雷锋跑回家,六叔奶奶见他手上血糊糊的,忙问出了什么事?雷锋把上蛇形山砍柴的经过说了。六叔奶奶一边骂徐二恶婆,一边忙着拿黄草纸烧成灰,洒在雷锋的伤口上,说:"孩子,这刀伤砍在手上,仇恨要记在心上。"

雷锋挥着拳头说:"奶奶,我忘不了这仇!"

四、光荣的任务

雷锋在挣扎中活着，他和苦难着的穷乡亲们一起，盼望着光明的到来。

这天傍晚，雷锋去找彭大叔，想打听打听日思夜想的共产党、解放军的消息。一进屋，彭大叔就亲热地说："庚伢子，好久没见了，手怎么啦，又生疮啦？"

"不，是徐二恶婆用刀砍的。"雷锋讲了上蛇形山砍柴的事。彭大叔听后，气愤地说："现在是什么时候了，她还这么凶！庚伢子，我们很快就要跟他们算总账了！"

"大叔，共产党、解放军到底什么时候来呀？"雷锋急切地问道，"我天天都在盼着哩。"

彭大叔把雷锋拉在怀里，小声说："快了，解放军已经打过长江啦！"他把从城里传来的消息告诉了雷锋：南京国民党政府拒绝国内和平协定，毛主席、朱总司令命令人民解放军奋勇前进，坚决、彻底、干净、全部地歼灭一切敢于抵抗的国民党反动派，解放全中国。

雷锋听得脸上绽开了笑容，伏在彭大叔的肩头上说："我知道了，毛主席就是毛委员，我爹活着的时候讲过，从前我们这儿办农民协会，打土豪劣绅，就是毛主席领着干的。这回毛主席派解放军来了，我该报仇啦。"

"是呀,毛主席是咱穷苦人的大救星!"彭大叔说着,从墙缝里取出一张红纸条,展开给他看。雷锋见上面端端正正写着五个大字标语,急着问:"大叔,这上面写的什么呀?"

"毛主席万岁!"彭大叔激动地念道。

"毛主席万岁,毛主席万岁!"雷锋一遍又一遍地在心里高呼着。彭大叔把这标语重新折起来,藏回原处,轻声说:

"毛主席领导的解放军来了,我们就翻身了。到那时候,我们还要成立农民协会、儿童团,斗地主分田地。等着吧,等到那一天,你这个苦伢子也会有事做的。"

雷锋急着说:"有事做,现在就叫我做吧。"

彭大叔笑笑说:"要你做事的时候,我们会去找你的。"

这一夜,雷锋翻来覆去睡不着。这个苦孩子多么盼望光明时刻的到来……

雷锋手上的伤慢慢好了,他在家里天天盼着彭大叔来找他做事。做什么呢?他猜不着,可觉得挺神秘。

一天傍晚,雷锋正在屋前拾掇茅柴,忽听有人叫他,回身一看,原来是那位常到彭大叔家里去的长工叔叔。他把雷锋叫到塘基上,悄声问道:"庚伢子,你去过江边荣湾镇吗?"

"去过。"

"今天晚上你敢去吗?"

"敢!"

"那好,今晚给你一个重要任务,你到荣湾镇去贴标语。"

"贴标语?"这可是雷锋没想到的事,但他马上答应下来,"我这就去。"长工叔叔先走了。雷锋没有告诉六叔奶奶,也悄悄走了。他一路走一路想,如何按长工叔叔的嘱咐,在敌人的鼻子底下把标语贴出去。他乘着月色,迎着舒爽的江风,很快来到了江边荣湾镇。在道旁的树影下，那位长工叔叔和另外一个人正坐在箩筐扁担上歇脚，见雷锋走来了，他们趁四下无人，伸手从箩筐底下取出一卷标语，这标语和在彭大叔家见到的差不多。

雷锋接过来往衣里一塞，又接过一罐糨糊，长工叔叔在他耳边叮嘱了几句，雷锋点点头，朝镇里走去。

雷锋拎着糨糊罐，走到街上，一眼看去就像讨饭的孩子。街上行人很少，他机警地在电杆上、墙壁上贴上一张张"中国共产党万岁！""毛主席万岁！"的标语。

走出街口，雷锋眼珠一转，决定到来往行人比较多的江边渡船码头去贴上几张。来到码头，只见有几个国民党兵吆喝着叫渡船。

雷锋沉着、机灵地跟在这几个家伙的身后。等他们回过身来，"打倒蒋介石，解放全中国！"的标语，赫然出现在墙上。很快，这些标语就像炸弹爆炸一样，震动了全镇。

雷锋怀着胜利的喜悦走出镇子，长工叔叔迎过来说："庚伢子，你第一次为革命工作，任务完成得很好。"

雷锋兴致勃勃地往回走，心里更加急切地盼望光明的时刻——毛主席、共产党、解放军快来呀，早来一天，我们穷人早一天翻身，早一天为我爷爷、爸爸、妈妈、哥哥、弟弟报仇！月光照着他眼前的路，他走着想着，往返走了几十里路也不觉累。

当他快到家时，晨星已落，天色将明，他登上简家塘前的山坡，望着东方透出的晨曦，心里说："好呵，天快亮啦！"

五、我把党来比母亲

1949年8月间,中国人民解放军解放了湖南望城县。

在苦难中受尽折磨的雷锋,终于和穷乡亲们一起,盼到了太阳。安庆乡的群众和全国许多地方的人民一样,欢庆解放。青年男女们踩着锣鼓点子,扭着秧歌,老年人改变了愁苦的面容,笑眯眯地说:"出头了,出头了!"

基层政权很快建立起来了。人民坐了天下,所有在旧社会受苦受难的人们,从此得到了人民政府的照顾。

农会主席彭大叔告诉他:

"天下是我们的了,那些残害穷人的地主恶霸,以后不敢再欺负人了。"

雷锋睁大了眼睛,仔细听着彭大叔的话,一句一句地记在心里。彭大叔又说:"孩子,咱们的救命恩人是共产党,是毛主席,是解放军。要不是共产党领导人民闹革命,你这个苦孩子就完了。"

共产党的恩情像太阳照暖了雷锋的心。从此,雷锋像阳光下的小树,茁壮地成长。

一天傍晚,雷锋站在桥头放哨,只见远处来了一支队伍。

队伍越来越近,雷锋看见战士们穿着整齐的黄色军装,背着发亮的步枪,扛着机枪雄赳赳气昂昂的样子,多么威武啊;一面大红旗在队前飘着,整面的彩霞映往上面,就像一团火。雷锋看着看着,一下子明白了:这不就是农会主席彭大叔说的,咱们的救命恩人解放军吗?

雷锋跑着迎上去,解放军叔叔拉住他的小手,雷锋可乐坏了。他听说队伍要在乡里住几天,就领着队伍进了乡,同乡亲们一起交流,张罗房子张罗饭。

几天以后,队伍要走。他拉住一位解放军连长说:"我要当兵,带我去吧。"

"你为什么要当兵?"那位解放军连长问他。

"我要去打敌人报仇!"

"你的仇我们大家替你报。"

"不,我要跟你们一起去报仇!"

"你的年纪还小,现在你的任务是好好学习,等长大了建设咱们的新中国吧。"

队伍要出发了,他还不死心,还叨叨咕咕地要跟队伍走。彭大叔对他说:"咱们就要土改翻身,刨去穷根啦!"

雷锋一听这话才不闹了。那位解放军连长送给他一支钢笔留作纪念,嘱咐他好好学习。

不几天,轰轰烈烈的土地改革斗争开始了。雷锋和乡亲们一起高喊:

"打倒恶霸地主,讨还血债!"

在斗争大会上,雷锋看看乡亲们,再看看被绑押的地主,千仇万恨涌上心头。在运动中,在党的教育下,他开始懂得了帝国主义、封建主义、和官僚资本主义是压在中国人民头上的三座大山。是日寇、国民党反动派逼死了父亲;是资本家害死了哥哥;是旧社会逼得妈妈走投无路,含恨死去。只有彻底打倒这三大敌人,穷人才能翻身解放。雷锋跑上台去,气得红着脸,流着泪,控诉了恶霸地主对他一家的压迫剥削。他指着曾经砍过他三刀的地主徐二恶婆喊道:"我上山砍柴你都不让,你砍我三刀。你这地主婆,也有今天!你还敢砍我不?你还敢欺压穷人不?"

在群众的威力下,耀武扬威的恶霸地主低头认罪了,受苦的乡亲们翻身了。这是雷锋第一次受到的阶级斗争教育。

雷锋和乡亲们一样,分得了土地,分得了粮食。

1950年夏天,他穿上斗争地主时分得的衣服,背上书包,和那些贫苦农民的孩子们一起,迈着轻快的脚步上学去了——这是他过去连想都不敢想的事,现在变成现实了。

面对这崭新的生活,雷锋想起了许多往事:在旧社会,穷人家的孩子只能眼巴巴地看着地主家的儿孙去上学,那时候的学校是为有钱人家的子弟开的,穷人家的孩子哪能踏进学校的大门!新中国成立了,只有在共产党、毛主席的领导下,我们这些穷人的孩子才有了挺直腰板上学去的权利,我一定要格外珍惜这来之不易的学习机会!

开学的第一天,老师发给他两本书、一个笔记本。他看到好多小朋友交书费、学费,他也把过春节时彭大叔给他的压岁钱拿出来交给老师。老师和蔼地笑着说:

"你是孤儿,学校不收你的学费,你免费读书。"又亲切地说,"你们能读书,这是共产党的恩情啊!"

"共产党!毛主席!你为我们穷孩子想得多周到。"当他翻开第一页书,看见毛主席那慈祥的面容时,他心里充满了幸福。

他默默地下定决心:一定要好好读书,做党的好孩子。他刚刚学会写字,就在笔记本上工工整整写下了"毛主席万岁!"这几个字,这是他发自内心的欢呼啊!

雷锋在学校里按照自己的诺言，非常用功地学习。他每天都按时上学，从不旷课。他每天上学要走十六七里路，早去晚归从不耽误功课。大雪天，他没有胶鞋，就穿着自己打的草鞋，有时甚至赤着脚赶去上学。

老师讲课时，他仰着脸儿一字不漏地认真听；老师布置的作业，他一笔一画规规矩矩地做，从来不马虎；他用的课本，保存得又整齐又清洁。

他劳动也很好，被学校评为学校劳动的小模范。他的衣服都是自己洗，破了自己缝，放学回家的路上，还要砍一捆柴背回家去。

学校生活给雷锋带来了无限欢乐，他脸上整天堆着笑。不论谁再说他是孤儿，他就说："往后你们不要再说我是孤儿了，党就是我的亲爹娘啊！"

每天一大早，雷锋来到学校里就打扫教室，把桌椅、黑板擦得干干净净，然后坐下来读书、写字。每一门课他都认真听讲，从不放过任何一个小小的疑问。他的作业，总是写得工工整整，按照老师的布置和要求按时完成。

一天放晚学的时候，已经打过放学铃了，雷锋还有一道算术题没有做出来，仍坐在那里继续写呀算呀的。有个同学招呼他说："走吧，习题没做完，回去再做吧！"

雷锋说："就剩这一道题了，我总做不对。"

那个同学过来看了看，说："这道题我做好了，你拿去看吧。"说着从书包里拿出作业本递了过去。

雷锋笑笑说："谢谢你，让我自己再想一想吧！"

他静下心来，反复琢磨课本上的例题，仔细回想老师的讲解，终于把题做出来了。他叫过那个同学说："我做好了，来，我们来对一对。"

这一对不打紧,两个人的得数却不一样。那个同学说:"不晓得是我错了,还是你错了。"

雷锋说:"我验算了几次,不会错的,可能是你错了。"

"那就把你的给我抄一下吧。"

"不,"雷锋说,"你也别抄,自己再做做看。自己多花些心思,以后做起算术题来就不费劲了。"

那同学坐下重做了一遍,原来是运算中粗心,所以得数就不对了。这时,两个人都开心地笑了,这才收拾好书包,手拉着手高高兴兴地离开了学校。

由于雷锋学习用功,各门功课的成绩都在90分以上。

六、争当接班人

1954年,清水塘小学刚建立少先队组织,雷锋就加入了。在隆重的入队宣誓大会上,辅导员给他戴上了红领巾。他兴奋地抚摸着红领巾说:

"我是新中国第一批少先队员,一定要用实际行动把红领巾染得更红!"

他还非常珍爱少先队的红队旗。一天外出过队日,雷锋举着队旗,在途中遇雨了,他急忙脱下自己的衣服包住队旗,满怀深情地说:

"咱们的红领巾,咱们的队旗,是革命先烈用鲜血染红的,我们一定要格外爱护它才行。""时刻准备着"的誓言时刻鼓励着他。雷锋经常对小朋友们说:"咱们是少年先锋队队员,一定要努力学习,长大了好建设咱们的新中国。"雷锋读书非常刻苦,老师讲课时,他用心听讲,绝不在课堂上贪玩打闹。每逢假日上山砍柴或下地种菜时,他口袋里总是装着书本,累了就坐下来边休息边读书,不断吸取着各种知识。

雷锋积极协助学校少先队组织开展工作,热情参加宣传和文体活动。他模范地执行队规和纪律,无论少先队交给他什么任务,他都想尽办法出色地完成,多次受到组织上的表扬和奖励,并被选为中队委员。

1955年上学期,雷锋从清水塘完小转到荷叶坝完小读书。这个完小只有四个队员,正筹备建队,雷锋一来,便成了建队的积极分子。他给同学们讲队章,讲怎样做个少先队员,怎样写入队申请书。他热情地对同学们说:

"我们是贫雇农的儿女,我们要做革命的接班人,一定要争取入队呵!"

他自己更是热爱红领巾。乡人民政府发给他的一件白衬衫,他看得很珍贵,夏天这件衣服就成了他佩戴红领巾的"礼服",放学回家,总把它洗得干干净净,把红领巾叠得整整齐齐地放在书包里。

雷锋懂得,大家在学校学习,就是为了将来建设新中国。他除了自己用功学习,还很关心其他同学的进步。

有个姓彭的同学生病了,躺在家里不能上学,雷锋就组织队员们去看她,帮她制订了补课计划,放学后,到她家给她补课。

班上还有个姓朱的同学,上课时东瞧西看,手脚不停地活动,老师讲的课,也装不进脑袋里去,作业马马虎虎,大字写得歪七扭八。雷锋真替他着急。放学后,雷锋常常绕点路,陪他一道回家,给他讲学习的重要和学习的方法。可是,小朱并不当回事。雷锋又想了一种办法,他把小朱作业中写得不好的字,一个一个地描下来。第二天,他拿出这些"字"让小朱认,小朱认了好半天也认不出,皱起眉头说:

"这是大老虎,哪像字呀?"

雷锋"扑哧"一声笑了,说:"你拿出作业本来。"

小朱莫名其妙地拿出作业本,雷锋翻到他自己写的那些"大老虎",小朱不由得脸红了。此后,在老师的耐心教导下,小朱写字读书认真多了,还成了班上的好学生。

雷锋的叔伯姑姑雷运兰，年龄很大还没入学，雷锋就劝她："姑姑，你快上学读书吧，读了书才能长知识，将来好建设咱们的国家呀！"

其实，雷运兰早想读书了，她为难地说："我爹不让我去。"

雷锋热心地找到姑姑的爹，说："爷爷，过去女孩子不兴上学，现在是共产党领导的天下，人人都能去学习。又花不了几个钱，快让姑姑上学吧！"

后来又经过村干部的耐心帮助，过了几天，老人果然叫姑姑去上学了。雷锋高兴地给她订了个小本子，打好格子，教她写字，写的是："共产党万岁"，"今天我们得到了解放"……在学校搞文娱活动时，他还教姑姑唱快板："地主二流子，出得门来坐轿子，剥削我们穷苦人……"雷运兰在雷锋的帮助下，很快地就爱上了学校生活。

作为一个少先队员，雷锋每一次都认真地完成了组织交给的任务。有一次，少先队准备排演一出叫《小渔夫》的哑剧。这出戏是写一个中国姑娘反抗日本鬼子的侮辱，投奔游击队，参加抗日战争的故事。这个角色很难演，好多女同学都不敢担任这个角色。雷锋自告奋勇地说："我来演这个角色。"

他虽然是男扮女装，却认真地体会剧情，表演非常到位。在戏台上的一举一动，充分表现了一个中国姑娘对民族敌人的仇恨。小观众们受到他的感染，竟然举起拳头，愤怒地喊出："打倒日本帝国主义！"

还有一次，少先队到长沙市烈士公园过队日，队组织交给雷锋的任务是打大鼓。他那小小的个子背着一面大鼓实在吃力。走了十多里后，他累得满头大汗，摇摇摆摆，很是困难。辅导员发觉后，几次派人去替换，都被雷锋拒绝了，他说："打鼓是少先队交给我的任务,应该由我完成。"于是,他又背着大鼓继续前进。对于身材矮小的雷锋来说,背一个好几斤重的大鼓走三十几里路,的确不是一件轻松的事,何况还要边走边打呀。他顶着烈日,越走越觉得吃力,腰发酸,背发胀,嗓子发干,腿发痛。怎么办?他只有一个信念:坚持,朝着既定的目标,坚持前进,坚持到底!

　　他对少先队的活动,总是这样热心地参加;对队组织分配给他的任务,总是认真地去完成。

七、热爱集体，乐于助人

1955年下半年，雷锋已是六年级的学生了。这时候正开展扫盲运动，社里要把那些没入学的青年组织起来，进夜校学习。青年们学习积极性很高，纷纷报名，可是没有老师。

一天，雷锋知道了这件事。他想起老师说过，建设社会主义是需要有文化知识的。如果能使所有的人有文化知识，那该多好啊。

他急忙走到学校，拉住他的好朋友小芳说：

"我们晚上去社里教夜校，好不好？"

"我们？"小芳不由一怔，她看看雷锋和自己这么小的个子，再想到那些比自己高好些的"大学生"，觉得这个建议太意外。雷锋胸有成竹地说："对，就是我们，这事我们做。"

两个人的决定，得到了党支部书记的鼓励和帮助，很快，夜校就办成了。

教室在一家老乡的堂屋里，学生都是那些比他们大六七岁的哥哥姐姐们。每天，他们放学回家吃过晚饭，就分头到各家去催"学生"上课。夜校开了三门课，雷锋教语文，小芳教算术和珠算。

有一次上珠算课，为了分配算盘，有一个学生跟小芳吵了起来，把小芳气得大哭，不肯再教了。雷锋拉着她的手，耐心地劝她，鼓励她继续干下去。

他们的辛勤劳动很快就有了收获。不认识字的开始认字了，不会算的能算了。他们开始懂得：自己做的这点工作，就是为建设新中国出了一把力。

　　雷锋从家到学校，路上要经过一条水坝，坝上的一座小桥，又长又窄，每逢雨季，河水上涨，滔滔滚滚的大水把桥淹没了。年纪大点的同学还敢蹚着水，从桥上走过去，小同学刚一走到桥旁，看着那汹涌的波浪，听着那哗哗的响声，心里就敲起小鼓来。看，那在水中若隐若现的小桥，仿佛随时可能漂走似的。小同学们害怕了。雷锋遇到这种情况，就走到那些小同学面前，蹲下身子背起他们过桥，放学后，又一个一个地把他们背过桥来。不管风雨多大，雷锋自己能过桥，也一定把那些小同学背过桥。

　　雷锋的同学小阎患有"猪头疯"病，雷锋在上学、回家的路上，总是殷勤地照顾他。

　　1955年冬天的一个早晨，寒风凛冽，雷锋和小阎一道去上学，刚帮他把衣扣扣好，不料，小阎的病突然发作了，手脚抽搐，眼睛无神，一时人事不省，脚下一软，扑通跌到路旁的泥塘里去了。雷锋大吃一惊，眼看泥水就要淹过小阎的全身，雷锋来不及脱掉衣裤，把书包往路旁一甩，就跳进过膝的水里。刺骨的严寒冻得他浑身打战，他咬着牙，使出全身力气，把小阎救上岸来。

　　他们村里有个双目失明的陈五爹，有一次他在山上摸摸索索地砍柴，不小心一脚踩空了，咕咚一声摔倒在地上。雷锋看见了，急忙赶上前去，把他扶起来。他一边问："五爹，摔疼了没有？"一边帮他把柴捆好，然后挑起柴，拉着陈五爹的手，把他送回家。

　　随时帮助有困难的人已经变成雷锋自觉的行动。他想，一个瞎眼的老人，生活中会有很多困难，他便常常用课余时间帮他砍柴、割草。陈五爹自己摸着去提水，很危险，就跟他约定，每隔三五天、帮他挑一次水。乡亲们看到他这样关心人,都夸奖说:"庚伢子真是个热心的孩子。"

雷锋从小就是个热爱劳动的孩子。每次学校发动同学们去农业社义务劳动,他总是积极响应。有一次,大家帮助农业社挖肥,因为工具少,他就卷起裤腿,跳进田边的肥池里用手挖。帮助农业社除害虫,雷锋也是最积极的一个。他不仅参加集体的捉虫活动,还经常利用课余时间,提着瓶子到田里去捕捉。

农业合作社成立的第一年,农业生产获得丰收。雷锋看到那沉甸甸的稻穗把稻秆都压弯了,心里真有说不出的高兴。一天,他放学回家,路过一片刚割完的稻田,发现丢得满地都是稻穗儿。他生气了,心想:这是谁割的?这样不爱惜社里的粮食!他急步拐过山弯,看见一个姓叶的地主正有气无力地在田里打稻,溅得稻田四周都是稻粒子、稻穗子,雷锋不由得心里冒火了。怎能叫地主任意糟踏集体的粮食!他上前质问地主说:

"这块田是你割的吗?"

"是的。"

"那一块也是你割的吗?"

"是的。"

雷锋再也压不住心头的火气,指着丢在地上的稻穗儿,正言厉色地说:

"叫你在社里劳动,是给你一个改过自新的机会,决不许你这样糟蹋集体的粮食!"

姓叶的地主冷笑了一声,又漫不经心地拿起一把稻子打起来,照样打得稻粒儿、稻穗儿四处乱飞。雷锋挥手拦住,大声喝道:

"住手!不许这样打稻!"

"你管不着。"

"我一定要管!"雷锋上前夺下稻子,准备到社里去报告。这时,恰巧一个社干部闻声赶来,狠狠地训斥了姓叶的地主。

雷锋热心维护集体利益的行为受到了乡亲们的称赞。他在家乡这块富饶的土地上,像一株茁壮的幼苗,一天天地成长着。

八、认真工作，勤奋学习

1956年，雷锋以优异的成绩，读完六年小学。这时，农业合作化运动像春潮一般在全国范围内蓬勃而起，祖国的工业建设也大规模地展开。绚丽多彩的斗争生活在召唤每一个青年人。许多青年离开学校后，纷纷参加了祖国的工农业建设。

雷锋像一只羽翼刚刚丰满的小鹰，他多么想展翅高飞呀！

读完小学，乡政府本打算送他到县里读中学。但是，农村火热的斗争生活也吸引着他。他坚决要求留在农村做个新式农民。彭乡长深知雷锋人小志大，就留他在乡政府当了通信员。有时他为乡政府送公函，送通知；有时他帮助搞统计，制表格，只要是他能干的工作，他都主动地找来干。他在乡政府忙完了秋征工作，彭乡长就推荐雷锋到中共望城县委当了公务员。

雷锋的生活从此又揭开了新的一页。白天他忙着工作，晚上就在机关业余中学参加学习，刻苦读书。他常常这样想：党把我从苦难中救了出来，又给我安排下这么好的生活，我该怎样报答党呢？雷锋工作积极热情，有条有理，对公家的财物十分爱护，购买公债时，又积极带头。县委的同志见他年岁小，圆圆的脸上露着稚气，成天唱着歌儿，快快活活地工作，大家很喜欢他，都亲切地称呼他"小雷"。

他经常跟着县委书记。县委书记对他很亲切，很体贴，他觉得县委书记就是自己的亲人。他时常给县委书记送信送文件；县委书记下乡，他跟着下乡；县委书记开会，他也跟着开会；县委书记有空时就给他讲革命故事。有一次县委书记讲到，毛主席领导秋收起义时，在一次战斗中，一个共产党员被敌人抓去了，任凭敌人严刑拷打，他总是挺着胸，扬着头，痛骂敌人，宁死不屈……

雷锋感动地说：

"我也要做这样的人！"

"这太好了。"县委书记教导说，"应该这样，你已经是个少先队员了，还要争取入团，再争取入党，将来更好地为人民服务。"

"我一定争取入团，再入党！"

雷锋牢牢地记住了县委书记的话，处处留心向县委的同志们学习。有一次，他跟着县委书记去开会，在路上见到一颗小螺丝钉，他踢了一脚就过去了，县委书记却弯下腰拾起来，装进了衣袋。当时雷锋很纳闷：一位县委书记要一颗螺丝钉有啥用？

不久，雷锋到农业机械厂去送信。县委书记掏出那颗螺丝钉，让他捎给厂子去做零件，并且告诉他：

"咱们国家底子薄，要搞建设，一颗螺丝钉也是好的。别看东西小，机器上缺一个也不行。滴水积成河，粒米积成箩呵！"

这件事给雷锋很大的教育。从此以后，他再不乱花一分钱，把节约的钱全部积存起来。他决心在自己平凡的工作岗位上做这样一颗螺丝钉。

雷锋懂得的革命道理越多，就越发痛恨吃人的旧社会，越发忘不了旧社会害得他家破人亡的血海深仇。每想起这些，他总止不住那悲愤的眼泪。有一次被县委书记见到了，亲切地问他：

"是不是又想起了过去？"雷锋哽咽着，"嗯"了一声。

县委书记让他坐好，拉着他的手说：

"常常想想过去,不忘过去,对一个革命者来说,很重要。它会推动你更好地革命。"

雷锋瞪着一双泪汪汪的眼睛,聚精会神地听着县委书记的话,生怕会漏掉一个字。县委书记摸着他手上的疤痕,又说:

"你过去的苦,和所有劳动人民是一样的,我们整个民族、整个阶级都受过你这样的苦。现在的幸福生活,是毛主席领导我们斗争得来的,也是无数革命先烈流血牺牲换来的。你应该把这些变成自己前进的动力,好好学习,今后要做的工作还很多很多……"

县委书记的这些话像火一样,照亮了这个苦孩子的心。他在日记上这样写着:

"县委书记说得太对了,要不是共产党领导中国革命,推倒三座大山,怎么会有今天的幸福生活!革命原来就是这个意思:要把一切旧的坏的全部铲除掉,换上好的和新的。"

县委领导同志有时晚上开会,常常开到深夜一两点钟,雷锋就坐在隔壁一间房子里看书,常常陪到大半夜。开会的同志见了劝他说:

"小雷,不用等我们了,你去睡吧!"

"不,我不困。"

每次会议结束后,领导同志都休息了,他就丢下书本,把会议室收拾干净,把门窗关好后才去休息。

一天夜晚,县委书记在办公室看文件、写材料,雷锋像往常一样,坐在他的旁边学习。

"小雷,你去睡吧!"县委书记催促说。

雷锋不肯走。过一会儿,县委书记又催他去睡,他还是坐在那里不走。十二点过后,他竟不知不觉地伏在桌子上睡着了。

县委书记见他睡着了，怕他着了凉，便脱下自己身上的大衣，轻轻地披在他身上，又坐下继续工作。

雷锋睡得热乎乎的，一觉醒来，天都快亮了。他揉揉眼睛，见县委书记还在聚精会神地工作，又发现书记的大衣披在自己身上，不由得低头看了看自己手背上被地主婆砍过的刀痕，苦和甜，爱和恨，千言万语涌上了心头，眼泪扑簌簌地滴下来。

为了提高机关干部的文化水平，县委机关开办了业余文化补习学校。每次上课，雷锋都跟着机关干部一块去听，很少落课，偶尔落下一节，就算工作再忙，他也设法补上。

不仅如此，他还是县新华书店的一位常客。县新华书店就在县委机关隔壁，出门就到。当时书店开办借书业务，雷锋办了个借书证，常去借书。他借阅的范围很广，政治理论、青年修养、文艺作品等。他对描写刘胡兰、董存瑞、黄继光等英雄人物的故事，以及像《浮沉》、《钢铁是怎样炼成的》、《牛虻》等中外名著，更是爱不释手，并随时写些读后感，立志向书中描写的英雄人物学习。

雷锋在县委机关中，真像一颗不锈的"螺丝钉"，处处闪光。他不论做什么，都一样踏实，一丝不苟。凡是由他经管的公共财物，他都管理得有条不紊，房间里总是打扫得干干净净。对于来县委机关办事的基层干部和来访群众，他都热情接待，态度和蔼，服务十分周到，经常受到表扬。

生活中任何一件小事都能证明，雷锋的确是颗不锈的"螺丝钉"。一次，他到长沙市去办事，县委书记的爱人托他给孩子买一顶帽子，随手掏出五元钱给了他。他把钱揣进衣袋就走了。待他进城办完事回来，把买来的帽子送给了县委书记的爱人，同时找还她七元钱。

"这是怎么回事？"县委书记的爱人莫名其妙，"我给你五元钱,买回来一顶帽子,怎么反倒找回来七元?"

雷锋笑了笑说:"你把两张五元的新票子当成一张给了我,花三元买一顶帽子,正好剩下七元嘛。"

通过这件事,县委书记的爱人常对别人说:"小雷真是个诚实的孩子!"

县委书记也说:"一颗不锈的螺丝钉,就应该是这样的。"

1957年2月8日,雷锋光荣地加入了中国共产主义青年团,同时被评为县委机关的工作模范。

九、团山湖雨夜

在党的阳光雨露下,雷锋茁壮地成长着。现实生活使他深切地感到:"我像一个学走路的孩子,党像母亲一样扶着我,领着我,教会我走路。我每前进一步,这里面都倾注着党的亲切关怀和培养。"

1957年初夏的一天,雷锋跟着县委书记到灾区了解生产恢复情况。刚走到团山湖堤附近,遇见一位五十多岁的老大娘,老大娘看见了他们,便上前一把拉住雷锋,执意要请他们到屋里去坐坐。雷锋和县委书记进了屋,老大娘又是让座,又是沏茶,十分热情。县委书记感到很奇怪,便问老大娘:"你和小雷早就认识?"

"认得,认得!"老大娘一边答应着一边拉着雷锋的手讲了这样的一件事:

今年春天沩水河发大水,大娘家的房屋被水冲垮了,临时在堤上搭了个席棚住着,吃住都有困难。就是这个小雷同志,到沿河来帮助防汛抢险,手脚麻利,体贴灾民。瞧见老大娘家没蚊帐,他就把自己的一床蚊帐送来;老大娘家孩子多,吃饭有困难,他又勒紧裤带把自己的饭钵子端了来,老大娘说什么都不肯收,可他说什么也得让我收下。这些天来,老大娘一直感到过意不去,总惦记着到县里去看看这个小同志,可又没有机会去。

老大娘满脸是笑地说:"今天早上听见喜鹊叫,我默想准有贵

客来,这不是,小雷你们就来了!只是让这场大水闹的,没有好东西招待你们,可别见外。"老大娘转向雷锋:"你给我家帮了大忙,真不知怎么感谢你才好哇。"

"不要感谢我,我个人做不了什么事的。沿河一带闹水灾,县委县政府可着急啦,正在想办法治理沩水河。"雷锋亲切地又问老大娘,"现在生活还过得去吧?"

"托共产党的福啊!"老大娘指着正在修复的房屋说,"你们看,冲垮的屋又要盖起来了。要是旧社会发了这样的大水,早出去逃荒了,别指望这么快修好屋!"

县委书记告诉老大娘,县委决定要彻底根治沩水河,为人民造福。并表扬雷锋能以实际行动关心群众的疾苦,这是个很大的进步。

1958年,治理沩水的工程开始了。沩水河,新中国成立前是一条害河,常常闹水灾,给河两岸的人民不知带来了多少苦难。现在,人民政府要兴办根治沩水河工程,真是件大好事!雷锋看到机关干部大部分都去参加这项工程,便再三地向领导要求让他去。组织上批准了他的申请。

他背起简单的行装来到工地,只见沩水河岸边已是车水马龙,人声喧嚷,一片沸腾景象。他把背包往工地指挥部的墙根一放,顾不得擦去额上的汗水,就去找赵总指挥请求任务。

"分配我到哪个大队去,你下命令吧。"

"先休息一下,别急嘛。"

"还不急?我已经来迟了!"

"不迟,你来得正是时候。"赵总指挥是县委副书记,对雷锋很了解,见他兴冲冲的样子,就说,"给你一项艰巨的任务。"

雷锋说:"我是来锻炼自己的,任务越艰巨越好!"

"有这个思想准备就好。"

雷锋把胸脯一挺:"你就说到哪个大队去吧!"

"哪个大队也不去。"

"那干什么?"

"还干你的本行,"赵总指挥说,"决定留你在工地指挥部当通信员。"

雷锋一听脸上的笑容顿时消失了。他本想去第一线,但最终还是没有讲。他知道在工地指挥部当个通信员,每天发通知,送文件,记电话,是不可缺少的工作。他当即表示:"请总指挥放心,让我干什么都行,当个通信员也能起个螺丝钉的作用。"

"什么螺丝钉?"赵总指挥没有听明白。

"螺丝钉就是螺丝钉,"雷锋憨厚地一笑,"党把我拧在哪里就在哪里起作用。"

赵总指挥满意地说:"这个比方打得好!"

虽然没能如愿分到工地上,但雷锋自有自己的计划。每天,他完成通讯任务后,就蹦蹦跳跳地跑到工地上,用竹筐挑土或用小车运土。每逢人家给他装满了,他还总是要求着:"多加点!多加点!"

就这样,雷锋愉快地担任了治沩工程指挥部的通信员工作。他住在一间茅棚里,又潮湿,又阴暗,四面透风。有时到各大队送完通知回来,赶不上开饭时间,他把冷饭用开水一泡就吃,从不讲个"苦"字。

他用自己的格言激励着自己做好每一件事:

以革命的名义,想想过去;

以革命的精神,对待现在;

以革命的志气,创造未来。

一天晚上,雷锋和指挥部的全体同志参加一整天修堤筑坝的义务劳动,回来后都十分疲乏,赵总指挥叫大家早点休息。可是雷锋没去休息,一回来就守在电话机旁,他想,指挥部是整个工地两万多民工的作战中心,大家都去休息,打来电话没人接怎么行呢。强烈的工作责任感使他忘却了疲劳,一再催促别人去休息,他自己却在电话机旁守到天亮。

　　治沩工程开工不久,赶上了连雨天。沩水河水位不断上涨,堆积在工地上的器材,随时有被洪水吞没的危险。

　　一天晚上,在大雨之中,工地指挥部紧急动员机关干部和就近的民工,奋力抢救国家财产。考虑到当时的情况,指挥部领导安排雷锋和几个女同志留下值班。

　　同志们出发以后,雷锋坐立不安,怎么也待不住,趁几个女同志没注意,他迎风冒雨直向停放器材的工地奔去。这时,洪水已经溢出河岸,淹没了道路,有的地方水深已有三四尺了。

　　雷锋奋不顾身涉水赶到工地,和同志们一起投入了抢救国家财产的战斗中,哪里最危险他就到哪里去,一直坚持将全部治沩工程的器材转移到安全地带,他才放心。完成任务后,当同志们称赞他的勇敢精神时,他只是笑着说:

　　"我年轻,需要在艰苦中锻炼锻炼自己。"

　　治沩工程结束后,工地上张灯结彩,欢庆胜利。由于积极肯干,勇于锻炼自己,工作成绩显著,雷锋被评为治沩模范,并参加了庆功大会。

十、乐学驾驶技术

第二年春天,县委决定在围垦起来的团山湖(沩水河与八曲河之间的一片湖沼地)开办一个农场,让荒芜的湖沼地变成鱼米之乡。这是多么好的事情啊!全县青少年积极响应团县委的号召,提出要捐献一台拖拉机,给农场献礼。雷锋立刻拿出自己省吃俭用节约下来的二十元钱,全部送到了团支部,说:

"党每月给我的钱,我用不了,全交给农场买拖拉机吧!"

雷锋是全县青少年中捐献最多的一个。县委书记知道了这件事,非常高兴。一天早晨,雷锋提着一壶水来到办公室,刚要往暖瓶里倒水,县委书记说:

"放下水壶,到我这里来。"

"送信去吗?"他放下水壶听候吩咐。

"你过来,我好好看看你。"

县委书记对他打量了好久才说:"听说你把节余的钱都捐献出来买拖拉机了。"

"我这样做不对吗?"

他不知道县委书记为什么这样看他,又对他这样说。

"对,应该这样,这表现了你对社会主义建设的热情!"

雷锋受到县委书记的表扬,心里美滋滋的,不好意思地笑了。

"笑什么!说正经的,"县委书记亲切地说,"我看你就去学开拖拉机怎么样？"这是他从未想过的。雷锋在学校念书的时候，从书本上和电影中见过拖拉机，心里就盘算过有朝一日自己能驾驶拖拉机，耕耘祖国的土地，建设社会主义新农村。今天，真的就要去开拖拉机了，他怎能不万分激动和高兴呢？他果断地说：

"我去！"

1958年2月，雷锋离开县委，走进团山湖农场，学习开拖拉机。

他第一次登上驾驶台，高兴得心都要飞起来了。他站在驾驶员老陈的身边，专心地看着他怎样操作。老陈也告诉他各部件的名称和功能。他一点一滴地记在心里，晚上便写在日记本子里。那些日子里，他睡觉、吃饭都想着拖拉机，恨不能一天就学会全部技术，好早早为祖国出一点力量。有一次，雷锋收工回来，在食堂一边吃饭，一边还在琢磨驾驶。他把脚踏在桌子撑上，做着踩离合器的动作，双手拿着碗筷左右摆，就像转动着方向盘。同桌吃饭的人见了，冲他开玩笑说：

"哎，你们看，小雷把拖拉机开进食堂来了！"

大家一见都哈哈笑起来。

学了一段时间基本知识，老陈就要他试验驾驶。雷锋一坐上座位，心咚咚跳个不停。他怕拉不动方向盘，又怕刹不住车，手脚不由地哆嗦起来了，老陈鼓励他说：

"不要怕，勇敢些！"他咬咬牙，加大油门，一推离合器，拖拉机果然嘎啦啦地开动了，雷锋是多么高兴啊。回头看看那翻滚着的泥浪，仿佛是一股股奔流的粮食，流进了祖国的粮仓……

他不管风吹日晒，一天到晚，苦学驾驶技术，他耕着肥沃的田野，心里甜丝丝的。

由于他忘我的劳动，成绩显著，多次受到了领导同志的表扬。但是他总是默默地鞭策着自己："我做的工作太少了。"

试车结果，大家感到非常满意。从此，望城县有了自己的拖拉机手了!

雷锋还写了《我学会开拖拉机了》的文章，描述了自己对党的感激心情和刻苦学习拖拉机驾驶技术的体会。几天以后，这篇文章刊登在《望城报》上。

在全县青年建设社会主义积极分子代表大会上，雷锋还向代表们做了驾驶拖拉机的示范表演。

十一、漆黑夜勇护"铁牛"

这年初夏,忽然下了一场暴雨,八曲河水猛涨,新修的大堤随时有被冲垮的危险。农场内洪水横流,淹没了大部分土地和庄稼。

为了不误农时,雷锋和师傅轮流驾驶着拖拉机昼夜翻耕,歇人不歇机,仅仅用了三个月时间,在全场职工努力奋战下,一万多亩荒地就被全部开垦出来了,可如今全被水淹没了。

当天傍晚,雷锋正冒着狂风暴雨和同志们一道抢险排洪,突然,听到有人喊:停放拖拉机的场地进水了!

雷锋一听,二话没说,径直朝停放拖拉机的地方奔去,只见洪水已经漫到车轮边了。他毫不迟疑,跳上驾驶台把拖拉机开向高地。

雷锋返回场部吃饭的这工夫,洪水越涨越猛。拖拉机虽然已停放在高地,他仍放心不下,只扒了几口饭,又匆匆背上工具袋,提上一盏马灯,去守护拖拉机了。谁知这时通往停放拖拉机场地的道路,已经水深几尺,加上天已漆黑,无法辨认路面,涉水过去是很危险的。怎么办呢?他想了想,转身跑回场部,搬出一个打稻谷用的扮桶放在水里,又找来一根竹篙子,想坐上去以扮桶做小船撑过去。但雷锋从来没划过船,加上风浪大,他撑来撑去,扮桶却不听使唤,在大水中摇晃颠簸得很厉害。有的同志见了,连忙喊道:

"小雷,快回来,危险哪!"

雷锋不顾个人安危,终于依靠扮桶到了停放拖拉机的高地,他把扮桶拴在一块大石头上,马上奔向拖拉机,把油布揭去,这里敲敲,那里摸摸,看看机件完好无损,又试着发动了一下引擎,从响声中听不出什么毛病,这才如释重负地坐在驾驶座上,望着滚滚的洪流,雷锋心想:等洪水一退,我就又可以出车了。

第二天上午,洪水已大部退去。雷锋收拾好油布、马灯、扮桶,然后把拖拉机开到场部加油,伙伴们见他眼睛都熬红了,关切地说:"昨晚熬了一夜,今天好好休息休息吧!"

"我不累呀。"雷锋说着跳上驾驶座,发动马达,把拖拉机开上了机耕道……

农场的生产、生活条件是艰苦的,有些青年伙伴嫌这里条件差、收入少、没前途。为此,农场共青团组织发动团员、青年讨论理想、前途问题。雷锋找这些同志谈心,谈自己的看法。

雷锋就是这样,把自己的青春,无私地献给了祖国的社会主义事业。他每天驾驶着拖拉机,唤醒一片又一片沉睡的土地,也在感召青年伙伴们同他一道前进。

转眼,到了秋收季节,那沉甸甸的稻穗一片金黄。昔日荒芜的团山湖,经过农场同志们的辛勤劳动,如今变成了米粮川,祖国又添了一个新粮仓。一天晚饭后,雷锋在田间散步,看着这一派丰收景象,望着农场上空飞翔的燕子,他坐在田边情不自禁地写起诗来:

　　南来的燕子啊!
　　新的候鸟,
　　从北方飞到了南方,

轻盈地掠过团山湖的上空,
闪着惊异的眼光。
我听清了呢喃的燕语,
像在问:"为什么荒芜的团山湖,
今年改变了模样?"

南来的燕子啊!
让我告诉你吧:
团山湖这片未开垦的处女地,
是由于党的巨大的力量,
才围垦成一个新的农场;
是他们——农场的工人们,
用勤劳的双手,
给团山湖换上了新装。

南来的燕子啊!
也许母燕曾向你说过旧时的惨相。
往日的团山湖——
湖草丛生,满目苍凉,
洪水一到,一片汪洋,
十年前有人三次收款,三饱私囊,
围垦团山湖只是一个梦想。
如今的团山湖啊——
良田万顷,满垄金黄,
微风吹过一片稻香。
新修的长堤像铁壁铜墙,

洪水已再不能称凶逞狂。
红旗插在社会主义的农场，
到处是谷满仓、鱼满舱，
祖国又添了一个"鱼米之乡"。

南来的燕子啊！
你可不用惊呆。
不是晴天里响起了春雷，
而是拖拉机在隆隆地开；
不是沟渠里的水能倒流，
而是抽水机在把积水排。
为什么草坪上格外喧腾？
那是饲养员在牧马放羊！

南来的燕子啊！
你是这样轻快地飞翔，
许是欣赏这美丽的景相：
蜿蜒的八曲河像一条白银管，
灌溉这片肥沃的土地，
团山湖与乌山对峙，
是天生成的一幅屏障。
这景像是诗情也是画意，
活跃在这诗画般怀抱里的工人，
更是些生龙活虎般的健将。
有的是双手拿惯了锄头，
有的是才放下笔杆才放下枪。

他们豪迈地这样说：
这是一所新的国营农场，
也是一所露天工厂，
还是一个培养红透专深人才的学堂。
……

团山湖农场万亩土地获得了丰收。在这丰收的果实中，包含着雷锋热爱社会主义祖国的心愿和他辛勤忘我的劳动。望城县的土地养育了雷锋，雷锋也用自己的汗水浇灌了这块土地。这年秋后，新的生活，新的斗争，又在召唤着雷锋……

十二、与女同志的纯朴相处

农场里有一位女青年，名叫黄丽，身材苗条，个头和雷锋差不多，头上梳一双翘辫子，眉清目秀的，小嘴说话很甜，又特别爱笑爱唱。年纪大一点的人，都叫她俏妹子。雷锋比她小一两岁，总是叫她黄姐。黄丽虽然念书不多，却和雷锋一样，自学精神特别好，一年前，雷锋还在县委机关工作时，黄丽是县城一家供销社的营业员。雷锋常到供销社买东西，彼此就在柜台前相识了。偏巧，县委机关和供销社毗连县新华书店，雷锋和黄丽又都是"书虫子"，共同的爱好使他们不约而同地成了书店借阅处的常客。他们看书的兴趣一致，共同语言不少，雷锋看过的书只要说声好，黄丽肯定也要借来读。像《刘胡兰》、《卓娅和舒拉的故事》、《家》、《浮沉》等，他们彼此都读过，议论过，从中汲取教益。

有一次，雷锋到供销社去买长筒手电，因为脱销没买到。黄丽关切地问：

"你买长筒手电干什么？"

"夜里看书方便。"

"你用手电看书？"

雷锋说他白天要集中精力工作，只有晚上才能多挤些时间看书，加上县委机关又破例吸收他参加了机关干部文化补习学校学习。每次晚上上完课回来，天很晚了，他还想多看点书。为了不影响别人休息，他特意把宿舍电灯接长了电线，把灯泡拉在自己床头边上，再用报纸和枕巾遮住光。谁知一天晚上，他看书睡着了，半夜里，灯泡烤焦了枕巾和枕头，幸亏通信员小张及时关闭了电灯开关，险些就出了事故。小张批评他这样看书太危险，往后不许他这样看了，于是他想买个长筒手电代替电灯。雷锋这种好学的劲头实在叫人佩服。黄丽答应一定设法帮助他买到这种手电。第二天晚饭后，雷锋到书店借阅处还书，黄丽就将一把长筒手电塞到他的手里。雷锋如获至宝，感激万分。当他付钱时，黄丽说啥也不收。"手电是我的，不是买的。""不收钱我不要。""那就借给你用吧。"从此，这把手电就成了雷锋夜晚读书的照明工具。

第二年初，雷锋调到农场学开拖拉机，没想到黄丽也被调来了。下放农场的女同志，多数分在场部工作。雷锋和黄丽都是共青团员，偏巧分在一个团小组里，接触的机会更多了。当时农场初建，生产、生活条件都很差，住庙宇，吃糙米，每人只发一把锄头，一顶斗笠，一件蓑衣，风里雨里打着赤脚垦荒创业，年轻人的生活处处充满了朝气。雷锋刚到农场时，拖拉机尚未运到，农场先买来三匹马，用来犁田、拉车、跑交通。马厩就设在场部门前，有个老倌子负责饲养。身边一时没有拖拉机，雷锋对学骑马产生了兴趣，看马老倌就是不许他学，怕摔着他。雷锋没事就来帮助喂马、遛马，乘老倌子不在时偷着学。黄丽一见他骑马奔驰，心里就提心吊胆的。她想上前帮把手，雷锋又不让。

"你放心，摔不了的。"

有一次没骑稳，马一惊把他甩下马背，本来没摔伤，却把小黄急了个团团转，跑出很远的地方把场部医生找来。医生看罢打趣地说："小雷没摔伤，可把小黄摔疼了。"逗得大家哈哈笑。看马老倌夺过缰绳，吹胡子瞪眼，把雷锋好一顿批评。雷锋低头睨视着老人，还嘻嘻笑呢，根本没当回事。

有一天，雷锋要去镇上办事，偏巧看马老倌不在，他骑上那匹小黑马乐地走了。看马老倌回来听说此事，气冲冲地闯进场部，一状告到团支部孙姐那里。孙姐晓得雷锋喜欢学骑马，从没制止过，雷锋这次到镇上办事又是她指派的，已经安全回来了，她不想批评他，只是为了安抚老马倌，才把雷锋拉到马厩，当着老马倌的面说了几句"下不为例"的话，还让雷锋当面做了检讨。小黄在一旁也添油加醋："该批评，该检讨。"看马老倌一听，气早消了。后来还亲自教雷锋骑马，可雷锋却没时间学了——因为"铁牛"来了，从湖南农学院请的师傅也来了。

雷锋学拖拉机真是入了迷，前后不到一个月，就在《望城报》上发表了那篇文章，成了全县有名的拖拉机手。他开始学拖拉机，是先给师傅当农具手的，等他学成了，能单独开车作业了，也要给他配个农具手。不少青年伙伴都想当这个农具手，黄丽就更积极，先找雷锋要求，雷锋不表态，让她听组织分配。孙姐是作业组长，觉得让黄丽给雷锋当农具手挺合适的，可是农场场长不同意，听孙姐一说就火了："派谁也不能派这个俏妹子！"还指着孙姐的鼻子说："你是他们的大姐，可要给我管严点，男男女女的，不许给我出洋相。"这位场长当即指定一个男青年给雷锋当了农具手，并让孙姐找黄丽谈谈，不许闹情绪。其实事情没那么严重，没让黄丽当农具手，人家照样下田干活，照样有说有笑，照样找雷锋谈论学习和生活。找人家谈什么？孙姐认为男女青年志趣相投接触多些没有坏处。谁都知道，小雷是个闲不住的人，一闲下来，手上不是一本书就是一支笔。黄丽也是个书虫子，抓到书就啃，什么都看。雷锋有个藤条箱子，里面装了不少书，她借了一本又一本，读完了两个人就在一起议论。有人说黄丽对小雷的感情不一般，是确有表现的。比如，雷锋在《望城报》上发表了文章，她特意剪下来夹在自己的日记本里。雷锋写出那首《南来的燕子啊!》抒情诗，她自告奋勇在晚会上朗诵。她还悄悄帮助雷锋洗衣服、刷鞋子。一到开饭后，总喜欢和雷锋坐在一起。总之，一个姑娘爱上一个小伙子，瞒是瞒不住的，平时言谈举止总会流露出来。像雷锋"是青年中少有的"这种话，她当着孙姐的面就说过……

孙姐是政法部门的下放干部，为人质朴、爽快、热情，当了场部团支书以后，对青年伙伴们的学习和生活十分关心。她平时爱写日记，并以团支部名义发动大家都来写，雷锋和黄丽带头响应。他们写日记是一种学习活动，不避讳人，可以互相看。雷锋的日记，黄丽的日记，孙姐都看过。比较起来，孙姐认为雷锋的日记写的有思想，不只是流水账。不过也发现他写字总喜欢把本子斜放着，手也斜歪着，写的字尾巴长，字体向右斜，不太好看。有一次，孙姐指出他这样写出的字不端正，要注意改正。你猜他怎么说？"写字端正不端正不要紧，要为人端正就行。"当时他为什么说这种话，孙姐心里明白：准是他听见有人背后议论黄丽对他如何如何了。孙姐笑笑，不以为然，依然手把手教他如何把字写端正。一次，孙姐同他开玩笑说："小雷，孙姐帮你找个对象吧。"他莞尔一笑："莫开玩笑，我才十八岁，找什么对象？"雷锋是个有理想有志向的青年，农场那些年轻妹子中喜欢他的绝不止黄丽一个，但他对这类事是很严肃的。

雷锋喜欢打篮球，但因个子小，一有正式比赛就上不了场。为了迎接县里的篮球比赛，他报名参加农场男队未被录取，女队却和他开玩笑说："男队不要你，参加我们女队吧。"孙姐和黄丽都是女队队员，她们特邀雷锋给女队当指导。县里比赛结果，农场男队赢了,女队输了。

女队不服气,特邀全县冠军——二中女篮到农场比个高低。这场球赛吸引了不少人,那热闹劲不亚于赶庙会。雷锋既是农场女队的场外指导,孙姐又让他负责接待二中球队,跑前跑后地忙得满头大汗。

农场女队员本来就不多,又屡屡犯规被罚下场了几个,最后十分钟时,场上竟凑不够五个人了。大家正在为难,不知谁喊了一句:"让雷锋指导替补吧!"

话音刚落,就赢得了一片掌声和笑声。雷锋深感意外,正在犹豫,被罚下场的小黄推了他一把,"怕什么?上,替我上!"经裁判和二中球队同意后,他果然上场打了最后几分钟。你别说,雷锋当时那模样——俊秀的面容,矮小的身材,留个"刘海儿"头,穿着红背心,远远看去还真像个妹子哩。雷锋一上场,整个球场的气氛更加活跃了,所有的观众几乎都吼叫着为他加油。结果,农场女队又输给了二中。终场时,双方队员握手致意,雷锋冲着对方队长说:"你投篮满准,不过只赢了我们三分,不算英雄。咱们下次见。"对方女队长瞥了他一眼:"下次谁还跟你打呀!"

这场球赛给双方留下的印象太深了。孙姐和黄丽等二中女队员们,事后一提这场球赛就忍不住哈哈大笑。

十三、赴鞍钢一路做好事

长沙车站,灯火闪耀,人流如梭。应招去鞍钢的青年们陆续赶来了。在候车室熙熙攘攘的人群中,有个圆脸短发,举止大方的女青年,脚穿白球鞋,身着绿绒衣,肩上扛的行李包上挂着个篮球,胸前还用手托一只很漂亮的黑紫色彩釉陶瓷罐。她那模样儿与其说是个青年,不如说像个篮球运动员。她刚把东西放好,坐在椅子上,就看见一个身量不高,敞着蓝布衣襟的小伙子,挑着行李兴冲冲地走过来。他没戴帽子,一头浓黑的盖住了前额的短发,像"刘海儿"似的。他在对面椅子上放下行李,刚坐下,一抬头看见了对面的女青年,上下打量一眼,忽然站起来说:"果然是你呀——杨华!"

女青年深感蹊跷,他怎么知道我的名字?他是谁呢?她还在愣神,小伙子走过来说明原委:

"我在招工花名册上看到'杨华'两个字,估摸就是你,真没猜错。"

"那你……"她还没想起他是谁。

"你忘了?你们望城二中女子篮球队到我们农场打球,我还……""对了,对了,我想起来了。你是团山湖农场的拖拉机手,对吧?"她见他点点头,又说,"哎呀,你们农场真不够意思,女队员不够手了,竟让你这个男队员跟我们打,真不像话!"

讲起那场球,他们俩都哈哈大笑起来。

那场球赛结束后,当时二中女队员们对雷锋的替补上场议论纷纷。孙姐对她们做了解释,并介绍说他是个孤儿,旧社会受了不少苦,新中国成立后是党和政府把他拉扯大的,现在是有名的拖拉机手……转眼才几个月,杨华竟把他给忘了。那场球赛终场时她和雷锋还握过手开过玩笑呢……

杨华很高兴在即将远离家乡的时候遇到一位熟人。使她不解的是,鞍钢这次招工多半招的是乡镇待业青年,像雷锋这样有工作而且工作很好的人,为什么也要远离家乡到遥远的北方去?闲谈之中她说出了这个想法。雷锋半认真半开玩笑地说:

"哪里需要就到哪里去嘛。再说,我这个人打球都不服输,你想想,为祖国去炼钢,你们刚毕业的女学生都舍得离开家,我能甘心落后吗?"他拍了拍杨华带的篮球,"二中球队还有谁来啦?"

"就我一个人。她们都舍不得离开家。"

"你家住在哪里?"

"铜官镇。"

"啊,出陶瓷的好地方。"

张建文赶到候车室来了。他的情绪有些懊丧,坐在雷锋身边一言不发。经雷锋追问,他才说他母亲病了,新婚的妻子拉后腿,若不是想到雷锋,他就不来了。

"那你还去不去?"雷锋关切地问,"伯母病得很重吗?"

张建文说:"既然报了名,就不能打退堂鼓。妈妈的病家里有人照顾,你放心吧。"

这时,同车北上的新伙伴们陆续到齐了。家住市内的人多半都有亲人来送行。在雷锋他们对面就站着一位母亲,一边擦拭眼泪一边对跟前一个留着短辫的姑娘嘱咐着什么。那姑娘眼圈都哭红了，不断地喃喃着："你回去吧，回去吧……"可那母亲舍不得离开女儿，就那样默默无言地站着。雷锋走过去亲热地叫了声大娘，说："天黑了，路不好走，女儿让你回去就回去吧。您放心，我们这么多人一路走，会互相帮助的……"老人到底让他给劝回去了，姑娘脸上也露出了笑容。

鞍钢招工小组的一个同志，站在椅子上宣布了旅途注意事项和编组名单。雷锋被指定为第三组组长。组员有张建文、杨华等二十多人。其中还有两名女同志，一个叫易珍——就是刚刚送走了母亲，脸颊上还挂着泪珠的姑娘；另一个叫张棋，梳着两条又长又黑的大辫子，是个眉眼清秀的乡下姑娘。有个男青年一直陪伴在她身边，像是送行的，又像同路的。

雷锋和本小组的伙伴一一打过招呼，逐个分发了车票和旅途生活费，然后看看张棋和易珍，想了想，便对杨华小声说：

"咱们小组就三个女同志，上了车你对她们两个要多关照些，好吗？"

杨华明白他的意思，不过故意和他戏谑道："我又不是组长，为什么让我关照她们？你这个组长是干什么的呀？"

雷锋说："反正我把你们三个编在一个小组，你就是组长。"

杨华莞尔一笑，心想，瞧他多有办法，我说我不是组长，他就"任命"我当个小小组长。

检票铃声一响，雷锋招呼本组人员排队进站台。杨华不辜负雷锋的委托，帮助小易背好了行装。张棋有那位男青年帮忙，用不着别人再去帮忙了。雷锋让三个女同志排在小组最前边。他照护着小组人员依次进了站台以后，便挑着行李蹭蹭地跑到大家前面去了。杨华以为他准是想先上车给小组的人多占几个座位。没想到他跑到车门口，不仅没立即上车，反而一耸肩摞下行李担，就扬手招呼本组的人。接着,他一面清点本小组上车的人数,一面帮助大家往车上搬递笨重的行装。杨华挤上车以后,凭她打篮球的敏捷动作,转身就把自己的背包、网袋、篮球往靠近车门的几个座位上一放,立即喊张棋和小易过来坐。帮助张棋拿东西的那个小伙子,刚要转身坐在杨华身边的空座位上,杨华急忙摆摆手说:

"对不起,这个座位有人啦。"

"还有谁呀?"张棋正往行李架上放东西,有些不满地问。

"咱们雷组长还没上车呢!"杨华盯着那个男青年反问一句,"他是谁呀?不是我们小组的吧?"

"他是我表哥,给编到第二组去了。"张棋无奈地对她表哥说,"这里没你的座位,赶快回你们小组去吧。"

这位表哥不情愿地走开了。

小易刚把行李放好,她"哗啦"一声打开了车窗,探出头向车门口张望。杨华以为她母亲又赶回站台上来了,抬头一望,却听小易说:"杨华姐,你快喊雷组长把自己的东西递上来吧!"原来她惦记的是雷组长——他还在车门口扶老携幼地忙碌呢。真是的!"组长,快把你的东西递过来!我们给你占了一个座位。"

"要得!"雷锋向她们扬扬手,就把他的东西从窗口一件件递上去:一个半旧的蓝布行李包,一只沉甸甸的藤条箱子,还有那根小巧油亮的竹扁担。然后,他搀扶一位拄拐杖的老汉上了车。车厢里已经座无虚席。杨华正招手让雷锋过来坐,他却乐呵呵地把座位让给了拄拐杖的老汉。易珍忙站起来对雷锋说:"组长,快过来坐这儿歇歇气吧。""我不累,你坐吧。"雷锋说着,朝车厢里头走去,一个个查看了全组伙伴后,被张建文拉去挤坐在身边了。

当晚9点50分,站台铃一响,列车开动了。透过窗望着站台上移动的灯光和人影,想到就要离开可爱的家乡了,这些年轻的心显得激动而沉重。特别是头一次出远门的女孩子,更易激动。杨华这个女青年性格倔强很少哭鼻子,这时也感到鼻子酸酸的,泪水模糊了眼睛。坐在她对面的小易和张棋也都眼泪汪汪的。她们已经互相作了介绍。易珍原是长沙五中的学生,今年已经考上高中但又弃学投工而来。张棋是长沙郊区农村的绣花姑娘,这次也丢下绣花针要到祖国的北方和钢铁打交道。她们三个年龄差不多,小易比杨华小一岁,张棋比杨华大一岁,杨华十九岁。

　　火车开出了几站地,坐在小杨身边拄拐杖的老汉下车了。张棋和小易仰靠在椅背上睡着了。杨华也困倦了,刚要眯起眼睛,只见雷锋朝这边走来,那神情、步态,竟毫无倦意。他向杨华点点头,便从行李架上把他那只沉甸甸的藤条箱子抱下来。

　　到了后半夜,车静人乏,杨华和小易头顶头地伏在茶几上睡着了。张棋也睡了。只有雷锋在埋头看书。待杨华一觉醒来,窗外已透出淡淡的晨光,她扭头一看,雷锋不见了,只有那本《钢铁是怎样炼成的》放在座位上。杨华拿起书看看插放书签的位置,就晓得雷锋准是一夜都没睡。

　　杨华拿出牙具走进了列车洗漱间,发现雷锋在这里,正在用洗脸池里的水洗涮头上的肥皂沫。他一扬脸,从镜子里瞧见了杨华,搭讪道:"睡得好吗？"杨华说:"嗯,你可没尝到车上睡觉的滋味——看了一夜书,你就不困?"

　　雷锋甩了甩湿漉漉的头发说:"你瞧,用冷水一冲就把瞌睡冲跑了。"

　　杨华顺手把自己的梳子递给了他:"快梳梳你那凌乱的头发吧。"

　　雷锋一面刷牙,一面接过了梳子。刷着刷着,他突然拔出牙刷唾了两口,杨华探头一看,原来是牙刷上的几撮鬃毛脱在嘴里了。再看看他手中那把破旧的牙刷骨柄。她说：

"你可真行，这样的牙刷还在用！"

他嘿嘿一笑，把掉了毛的牙刷插进了漱口杯，拿起她的梳子刚要梳头，发现这梳子也掉了好些齿儿，便马上问了一句："杨姐，你也不简单，梳子破成了这样，自己用不算，还能为别人服务。"

他俩冲着镜子好一通笑。

列车向着祖国的北方飞驰。

雷锋坐在窗口，望着车外飞快闪过的山岳、树木和村落，百感交集。昨天，他还是团山湖农场的拖拉机手；明天，他就要成为祖国钢都的一名炼钢工人了，这怎能叫他不激动？

为了支援国家建设，发展钢铁生产，县委积极支持知识青年到鞍钢去大显身手。可是，农场领导舍不得让他走。毕竟他是刚刚培养出来的拖拉机手，工作中的模范，在群众中威信很高的共青团员，怎能舍得让他走呢？特别是那些同他朝夕相处的青年伙伴，更是恋恋不舍。

有的竟吓唬他说："东北可冷啊，听说那里撒泡尿立刻冻成冰，我们南方人去怕受不了啊。"

雷锋不以为然："我才不信呢。南方在东北的人多得很，没听说冻死了哪个。再说，鞍钢需要我们去，县委也支持我们去，你们就不要挽留我了。"

农场领导了解雷锋的心情，为了支援工业建设，适应钢铁生产发展的需要，组织上最终同意雷锋到鞍钢去。

十四、鞍钢新工人

到了鞍山。鞍钢的同志们敲锣打鼓,热烈欢迎这批刚刚走上工业战线的青年伙伴。

鞍钢宏伟的建筑,高大的厂房,耸入云霄的烟囱,四通八达的运输线,处处显示着工人阶级的伟大气魄和力量。雷锋下了火车,第一个印象就是:

"好家伙,我们的鞍钢真大呀!"

第二天,组织新来的同志们参观钢厂。雷锋看到炼钢工人争分夺秒、为钢而战的英雄气概,他立刻迎着红彤彤的炉门,走到一位满脸是汗、手持钢钎的工人面前,问道:

"师傅,学会炼钢要用多长时间?"

"怎么,你要到我们车间来吗?"

"我争取来。"

"欢迎你来。"

"我一定来!"

接着,他们又到化工总厂参观。这时正赶上一列专用火车满载着乌黑锃亮的煤开进了煤场,只见车皮上了翻车机,"哗啦啦"一声巨响,车皮一翻身,整车的煤就卸到煤场了。煤场里有几辆推土机,机铲像把巨大的铁锹,把火车上卸下的煤推到高大型吊车底下,吊车再把煤吊到输送带上,运转到炼焦车间……

雷锋十分惊奇地看着这一切，越发感到工人阶级实在了不起。这里没见几个工人干活,转眼工夫,一火车煤卸完了,吊车又把它运走了,这是何等的气魄啊!

新来的青年开始分配工种了,一心想当炼钢工人的雷锋被分配到化工总厂洗煤车间。他没有这个思想准备,见到洗煤车间于主任就坦率地说：

"我是来炼钢的,我的志愿都填了表,为什么把我分配到洗煤车间来?"

车间于主任是位老工人,很喜欢他这种爽直、坦率的性格,上前拍了一下他的肩膀说：

"小伙子,组织上考虑你开过拖拉机,现在分配你来当推土机手,这个安排很得当嘛。""当推土机手?"雷锋想到参观煤场时的情形,喃喃地说,"开推土机和炼钢有什么关系?"

于主任解释说："你刚来乍到,还不了解炼钢的复杂过程,让你开推土机就是为了炼钢啊!拿咱们洗煤车间来说吧,如果每天不把大量的煤炼成焦炭,炼铁厂的高炉能炼出铁来吗?如果不把炼焦时生产的煤气输送到炼钢厂去,他们怎么能炼出钢来?所以,大工业生产就像一架机器,每个厂,每个车间,每个工种,都是这部机器上的零件和螺丝钉,谁也离不了谁。你想想,机器缺少了螺丝钉能行吗?"

螺丝钉!好一个螺丝钉!这话县委张书记也说过呀!雷锋听车间主任这么一讲,弄通了道理,决心在鞍钢这架大机器上当好一颗小小的螺丝钉。

他高高兴兴地来到班上,看到大小型号的推土机正在煤场上作业,找到值班主任就要求跟班干。值班主任见他个头矮小,便指着一台小型号的推土机,说：

"今后你就跟那台小号车子干吧。"

"为什么跟小的?"雷锋看出值班主任是想照顾自己,说,"那儿有好几辆大车子,为什么偏偏让我跟小的?我要求跟大车子学。"

"开大车子是很吃力的。"

"吃力不怕,能多干活就行!"

值班主任很喜欢他这股冲劲,马上领他到80号大型推土机旁,指着车上一位老司机说:

"今后,你就跟这位李师傅学吧。"

"好。"雷锋这下高兴了。没等李师傅停稳车,他就爬上了那辆像坦克一样大小的推土机,紧紧握住李师傅的手说,"师傅,收下我这个徒弟吧!我保证很快就学会它。"

李师傅听说雷锋过去开过拖拉机,虽然担心他个头小,开大车子有困难,还是高兴地收了这个徒弟,只是说:

"你这个南方小鬼,来到东北就赶上了冬天,开推土机又是露天作业,你受得了吗?"

"师傅,你放心,什么困难也难不住我。"

值班主任还告诉他,新工人入厂后,一律按徒工标准拿工资,每月比他原来的工资少拿十元,问他有意见没有。

雷锋爽快地回答说:"我不是为了工资来的,钱多钱少一样干。"

就这样,雷锋迎着寒冬,开始学习操作推土机的技术。像在农场学开拖拉机一样,每天他都提前上班,做好准备工作,等李师傅一到,立即就能作业。李师傅开车的时候,他站在一旁留心观察,琢磨着开推土机和开拖拉机有哪些不同,又有哪些相同。一列车煤推完了,新的煤车还没开来,他就坐在驾驶座上一招一式地请教师傅。每当钳工来检修推土机时,雷锋都不放过这个难得的学习机会,通过帮助钳工检修机器,进一步熟悉推土机的构造、各种部件的性能,以及拆卸安装的技术。一次,推土机的油泵突然出了毛病,李师傅正要动手检修,雷锋马上拿起检修工具,说:

"师傅,我来修。"

"你能行?"

"试试看。"雷锋说着就立即钻到车盘底下,仰卧在煤地上检修,弄得他满身都是煤灰和油渍,但他很快就修好了油泵。通过这件事,李师傅高兴得见人就说:

"在我教的徒弟里,数小雷岁数小,可他是学得最好的一个,像他这样勤奋、虚心,没有学不会的技术。"

雷锋很快就能单独操作推土机了。他把一列列火车运来的煤推成堆,然后输送到炼焦车间炼焦炭、造煤气,供应冶铁、炼钢用。他觉得这工作很有意义,虽然寒冷的气候,他还不习惯,常常冻得面红耳赤,手脚冰凉,虽然天寒地冻,但他满怀一腔建设社会主义的热情!

他驾驶的80号推土机,机头很高,由于他个子矮小,坐着开车很困难,常看不到前面的大铲子,站起来开车,车棚盖又碰脑袋,所以他不得不常常猫着腰干。

值班主任见他开大车实在太吃力了,又想给他换个小车子,好稳稳当当坐着开。可是,值班主任磨破了嘴皮,他也不肯换。

"这点困难我能克服。"他说,"开小车子干活慢,我有十分力决不使九分力。"

"你呀!"值班主任真是打心里佩服这个倔强的小伙子。在交接班会上表扬了他不怕困难,勇于挑重担的工作精神,号召同志们向他学习。

有一天,一场大雪覆盖了煤场。雷锋上班后,主动地站在雪地里指挥铲煤,让李师傅坐在驾驶室里操作。休息时,他让师傅进屋去暖和一下,自己开动车子又干起来。因为雪大路滑,外边无人指挥,车子猛一颠簸撞歪了通廊下的小铁道。听到车前一响,车身一抖,雷锋立即停下车来检查。李师傅赶过来一看,严肃地批评道:

"我说小雷,你怎么这么莽撞?只知道完成任务,你撞坏了通廊小铁道,人家可怎么完成任务?"

雷锋当学徒三个月来,第一次出事故,第一次挨批评,脸上火辣辣的,心里十分懊悔,但他一声没响,利用休息时间,同李师傅一起修好了小铁道。

为了这件事,雷锋和李师傅都一夜没睡好觉。李师傅怕他闹情绪,第二天一上班就找他交换意见。

"小雷呀,昨天我对你批评太严厉了,你可别生气。"

雷锋诚恳地说:"师傅批评得对。批评是为我好,批评再严厉,我也接受得了,以后一定不再出这种错。"

从此,雷锋工作起来更加认真,更加细心了。

用推土机铲煤,有时难免会把地上的泥土铲进煤里。像山一样的煤堆,铲进一点泥土本来算不了什么。可雷锋却认为,别小看这一点泥土,掺进煤里就会影响炼焦质量,焦炭质量不好,就会影响炼钢铁,这可不是小事情。他细心钻研推土机的落铲技术,尽力做到既能把煤铲净,又不带进一点泥土。有时也不免带进一点泥土,他就下车把它挑出来,见到别人驾驶的推土机带进了泥土,他也非设法挑出来不可。他这种认真负责的工作精神,感动了推土机手们,他们都自觉地学习他的做法。

一次,值班主任在大会上表扬了雷锋这种工作精神。会后,雷锋找到值班主任说:

"主任,你为什么老表扬我呀,还是给我提提缺点吧!"

值班主任说:"你为啥老叫人家提缺点呢?"

雷锋说:"煤里有土会影响炼焦质量,我们就设法把土挑出来;人有缺点也是一样,不设法挑出来,也会影响进步啊!"

雷锋这话讲得好!他在工作中严格要求自己,在改造客观世界的同时不断改造主观世界。

雷锋到鞍钢以后,不断给帮助过他、教育过他的望城县委领导同志写信汇报自己的思想、工作情况。几位县委领导都给他写过回信。县委赵书记在回信中鼓励雷锋"在伟大的工人阶级队伍中,要自觉地接受党的教育,认真学习,永不忘本,把自己锻炼成真正有共产主义觉悟的一名工人……"

雷锋在领导和群众的教育和帮助下,更加发奋工作,发奋学习,不管多么劳累,每天都要抽出时间,读些马列主义和毛泽东著作,有的文章一时读不大懂,就多读几遍或请教别人,直到把问题理解深透为止。

十五、建新厂雷锋争吃苦

随着钢铁生产规模不断扩大的需要,鞍山钢铁公司决定在弓长岭矿山新建一座焦化厂,要调一些人到那里去参加基本建设。车间主任找雷锋和一部分青年工人谈话,说要调他们到那里去,那里条件差,环境艰苦,问他们有无意见。

雷锋听了马上站起来说:"艰苦点怕什么,我去!"

1959年下旬,在鞍钢化工总厂工作了十个月的雷锋又要走了。几个同乡为他送行时,杨华像亲姐姐送弟弟一样,东叮咛西嘱咐,话儿很多;小易只是眼巴巴地瞧着他,泪水在眼眶里打着转儿,半天说不出一句话来;张棋忽然想起雷锋那本《钢铁是怎样炼成的》还在自己手里,赶忙翻找出来还给他。

"我不能带很多东西走,"雷锋说,"把它留给你们吧,杨姐看过了,张姐也看过了,小易还没看吧?我们大家都要向保尔学习!"

"应该。"张棋把书往小易手中一塞,"那这本书就留给你啦。"

小易接过书,心头一热,眼眶里的泪水便顺着脸颊滚落下来,有一滴恰好落在张棋的手背上。

"哟,小易妹子,怎么晴天落雨啦?"张棋打趣道,"你可别做冬妮亚……"

"去你的,什么冬妮亚?"小易没看此书不解此意,她一扭身忙抹了一把泪支吾说:"怎么搞的,我把眼睛迷了……"

张棋和杨华不露声色地互相交换了一下眼色,她们仿佛在说:你看,如果雷锋是中国的保尔,他是决不会遇见负心的冬妮亚的。

类似的笑谈,是她俩读过《钢铁是怎样炼成的》以后,在一起议论冬妮亚这个人物时有感而发的,不过这是后话。这里要从雷锋帮助张棋读这本书说起。

张棋,这个拿惯了绣花针的"湘绣姑娘",过去没读过什么书,从长沙来的时候,在火车上第一次见到雷锋看这本书时,还以为是一本炼钢的技术书呢。这也难怪,她从小跟母亲学绣花,16岁开始给城里一家湘绣厂做手工,一连做了几年,去年她表哥一心要到鞍钢来,再三再四动员她一道来。别人也说在乡里绣一辈子花没什么出息,她一狠心丢开绣花针就跟着表哥来了。

来到化工总厂一分配工种,让她到炼焦车间学配煤,她这双拿惯了绣花针的手一接触那些什么肥煤、瘦煤、气煤、焦煤的,心里就隐隐作痛,怨恨表哥不该把她领到鞍钢来。为这事她和表哥不知吵了多少次,哭着让他把她送回家去。有一次她和表哥吵完架回到宿舍,心里苦闷极了,真想自己去买张火车票一走了事。

正在这时候,雷锋拿着这本书来了,笑吟吟地对她说:"张姐,你静静心,我来给你读几段小说听听吧。"张棋赌气说:"我不听!我再不想在这儿干了。"雷锋翻开书说:"你看,我专为你选了几段最有意思的,你不听,我可自选啦。"接着他就读了起来:"……保尔说,'人最宝贵的东西是生命。……一个人的生命是应该这样度过的——当他回首往事的时候,他不因虚度年华而悔恨,也不因碌碌无为而羞耻……'"

雷锋这样一段一段地读着,尽管都是书中的话,可句句都像从他心里发出来的。张棋被感动了,心想:我觉着配煤工作不随心,他呢,雷锋的工作不是比我更艰苦、更劳累吗?他不管风雨严寒,整天在露天煤场开推土机,这哪比得上在家乡农场开拖拉机好啊,可他为什么能高高兴兴地安心干下去?她听着想着,不过雷锋后面读了些什么她没有听进去。"小雷,"她摆摆手说,"不要读了,让我好好想一想。""对,好好想一想。"雷锋合上书说,"你配煤,我推煤,这都是为了炼钢啊!鞍钢这么大,分工这么细,如果我们厂不把煤炼成焦,炼铁厂能炼出铁来吗?炼钢厂能炼出钢来吗?"接着他把那本《钢铁是怎样炼成的》塞到张棋手里说:"杨姐读过了这本书,可叫好啦。我劝你也从头到尾读一读,看看保尔这块钢是怎样炼成的。我们也应该做这种人!"

张棋果然听了雷锋的劝告,细心地读了这本书,情绪也渐渐振作起来。倒霉的是,有一天下班前清理作业场,一不小心,她的左手被配煤工具碰肿了,疼得两眼冒金星。说来也巧,偏偏这一天,小易的右手也被焦炭烫了一下。她们俩脚前脚后到卫生所包扎以后,一同回了宿舍,杨华那天休班,见到她们俩一人带着一只伤手回来吃了一惊说:"你们两个打架了,怎么把手都打伤了?"张棋摇头坐下了,没说什么。小易的眼泪可又憋不住了,扑到杨华怀里哭了起来。

没等杨华问明原委,屋门"嘭"的一声开了,雷锋急冲冲地走进来。他一手端着一瓶药水,一手用白毛巾拎着一瓷盆大米饭和切好的香肠。小易的抽泣声使他一怔,上前把手里的东西往桌上一放,转身对小易说:"哭什么呀!刚才听医生讲,手指烫破了一点皮,离心挺远的,不要紧,涂点药就会好的,何必又落泪?"

嘿嘿,这番话不说倒好,这一说,小易哭得更厉害了,而且冲着雷锋抖动着伤手顶撞说:"这手没长在你身上,受点伤又离心……八丈远,用你来关心,真讨……"后面的"厌"字所以没出口,是被杨华用手给堵在嘴里了。张棋在一旁听见小易这种没深没浅的话,很觉得过意不去,心想这话若是冲我来的,我非气得扭头就走不可。可雷锋没生气,也没走开,他指着药瓶对杨华说:

"杨姐,我跟医生要来这瓶止痛药水,说是往伤处抹上一些就不疼了,烫伤碰伤都能用。到时候你帮她们抹一抹吧。"

"这事还用你嘱咐!"杨华故意把脸一沉,指着桌上那盆饭和香肠说,"这是怎么一回事?你为什么带头破坏咱们的'公约',不是说谁都不许再往宿舍打饭打菜吗?"

雷锋赶忙解释说:"今天情况特殊。第一,食堂剩下不少米饭和香肠,炊事员敲着饭盆让大家买;第二,张姐和小易伤了手,没有别的可慰劳,吃顿大米饭总可以吧!起码明天早餐不让她俩吃窝头。"

雷锋这番说得张棋心里热乎乎的,她想说几句感激的话,一时又不知说啥话好。小易也止住了抽泣,不好意思地瞟了雷锋一眼,后悔不该顶撞他。还是杨华解了围,对雷锋说:"你呀,总是对的。我代表张姐和小易谢谢你。"说罢来了个举手礼,把大家都逗乐了。

雷锋走后,杨华批评小易说:"雷锋真心实意关心我们,帮助我们,你刚才还说那种话,真不应该!"

张棋也假装生气地说:"哼!我若是雷锋,今天和你没完,一辈子不理你。"

小易撇撇嘴说:"人家可不像你……"

雷锋像谁?张棋看完了那本书,她总觉得雷锋有点像书里写的保尔。她对杨华说起过这种感受,杨华说她也有同感。保尔坚毅的意志和刚强的性格,她们在雷锋身上也感受到了。这儿,就说说她们订"公约"的事吧。她们这些人在湖南家乡吃大米吃惯了,到鞍钢以后，每天要吃一两餐玉米面窝窝头，开始实在咽不下去，有时干脆就不吃。每当食堂吃大米饭时，她们就用饭盒多打一些回来，等下次吃窝头时就有剩饭充饥了。雷锋开始吃窝头也吃不惯，可他每餐都不少吃，还乐呵呵地对她们说，来到北方要具备两个"不怕"，一不怕天冷，二不怕吃窝头。一天吃午饭，她们三每人连半个窝头也没吃下，杨华和小易把剩下的大半个窝头丢在桌上就走了。张棋走得晚些，亲眼看见雷锋找来一张报纸把丢在桌上的窝头包起来带走了。

晚上看电影的时候，张棋把这件事告诉了杨华和小易。等她们回到宿舍，看到桌上放着满满一盒大米饭，旁边还放着一张纸条："身体是革命的本钱。要锻炼自己。请不吃窝头的人吃下这盒饭。"纸条没有署名，但她们一看就知道是雷锋写的。

小易沉不住气了，绷着脸转身就要走："我去把雷锋找来问问，这是什么意思？"杨华拦住了她："不用问了。我分析，今天的晚餐，雷锋很可能只吃了我们俩丢在饭桌上的两块窝头，把自己买的这盒饭给我们送来了。'请不吃窝头的人吃下这盒饭'这是提醒我们不要再把吃剩的窝头丢掉！"

"吃不下怎么办？"小易嘟囔着说。

"你瞧这句，"杨华指着纸条说，"要锻炼自己。"

第二天一早，杨华就把雷锋找来，冲着桌上那盒饭一本正经地说："请这位不吃米饭的人把这盒米饭拿走，今后我们保证跟你一块吃窝头，谁也不许再往宿舍里打饭打菜。这个公约，你同意不同意？"雷锋高兴地说："这个公约订得好，我完全同意！"

真挚的友谊给生活带来了越来越多的情趣和欢乐，吃窝头也觉得香甜。每天上班紧紧张张劳动一天，下班以后，住集体宿舍的年轻姑娘喜欢把自己打扮得漂漂亮亮的，上街看戏、看电影、逛

公园。职工俱乐部每周举行一两次舞会，她们也是常客。杨华最先学会了跳舞，接着把张棋和小易也教会了。雷锋对跳舞不感兴趣，小杨几次想教他，他总是摇头不想学。他的业余时间多半是在职工俱乐部图书馆里度过的。

那是一个周末，杨华她们又邀他到俱乐部去跳舞，他答应了。可是进了俱乐部大门，他又一头钻进了图书馆。杨华和小易这回没客气，舞厅里音乐一响，她俩到图书馆硬是把雷锋拉到舞厅来了。杨华对他说："业余时间不能光看书。今天我们要改造改造你这个书呆子。"她拉起雷锋的手刚要上场，雷锋发现乐队旁边的圆柱子上贴着一张"跳舞注意事项"，他笑笑说："杨姐，我怕是不好改造……""我就不信，咱们包教保学。""包教保学也不行。""为什么？"小杨拉起雷锋就要教，雷锋指着圆柱子上那张"注意事项"说："这里有规定：穿带钉子的鞋不准入场。你看我这鞋！"他抬起一只脚让杨华和小易看他的鞋底，前后掌果然钉了许多鞋钉。这下他像得了救似的又跑回图书馆看书去了。

杨华、小易感到很扫兴，跳了一会儿，就拉着张棋走出了俱乐部。路上，一向话语不多的小易提了一个问题："我们都是年轻人，业余时间都去俱乐部，可有人去读书，有人去跳舞，这是为什么？"

"个人爱好不同呗。"张棋说，"你说呢，小杨？"

一向爱说爱笑的杨华却沉默起来……

她们回到宿舍不久，雷锋从图书馆回来了。杨华把他叫进屋来，让小易把路上提的问题又讲了一遍，雷锋不假思索地回答说：

"大家劳累一天，利用业余时间跳跳舞，读读书，我看都可以。"杨华说："这等于没回答问题。"

张棋在一旁冒出一句："那你为什么只读书，不跳舞？"

小易不吭声，看他怎样回答。

雷锋想想说:"我不反对跳舞。下次换双鞋我一定去学学,我看跳舞并不难。但我反对把业余时间都花在跳舞上。我觉得浪费时间就是浪费生命,浪费一分钟就等于死亡一分钟……"

时间就是生命。雷锋讲得多好!他珍惜时间,好学上进的精神,深深感动了她们。

1959年除夕夜,工厂在职工俱乐部举行联欢晚会。同楼住的姑娘、小伙子们兴高采烈地换上新装去参加联欢。这一次雷锋来到女宿舍主动邀她们去跳舞。来到张灯结彩、管弦齐奏的舞厅后,你和我跳,我和他跳,大家都特别痛快。当杨华拉着雷锋跳快步舞的时候,小易坐在一旁观赏他俩的动作,看着看着"扑哧"一声笑了。当她过来邀张棋一起跳的时候,她悄声说:"张姐,你看雷锋穿的那身衣服,哪像个跳舞的样子?"张棋抬眼一看,可不是!舞会上的男男女女都穿戴得整整齐齐,漂漂亮亮,只有雷锋依旧穿着他那件已经褪了色的蓝布夹克,布罩裤的膝盖上补着补丁。这身简朴的衣着,在五光十色的舞会上显得很不协调,特别是和一向爱美的杨华在一起跳舞,恰好一"土"一"洋",简直有点滑稽。张棋想:小易方才在一旁独自发笑,大概就是因为这个缘故吧。

过罢春节的一天,张棋到男宿舍去找她表哥,发现雷锋正坐在床边缝补一双破旧线袜。她上前看了看说:"哎呀,雷锋,袜子穿成这样了还补啊!你呀,年轻的小伙子,出去玩玩也该有像样的衣服。你看楼上楼下的谁像你,连件好衣服都没有,你没钱吗?"

雷锋嘻嘻一笑,把话岔开了:"快找你表哥去吧。"

雷锋有钱。张棋听表哥说,春节前几个湖南老乡向家里寄钱,有人钱不够,雷锋就主动解囊。工人王大兴给母亲寄去五十元,其中三十元是雷锋的;张健文回乡探亲,雷锋送给他二十元……

几个同乡女友听说这些事,是很受感动的。特别是杨华和小易，对雷锋吃粗粮、穿旧衣、补袜子的艰苦生活更为关切。她们多次劝说雷锋：春天来了，该换季了，当买的衣服就买两件吧。

  一个星期天，她们几个晚饭后没事，想到男宿舍去玩，刚走到他们宿舍门前，就听屋里传出一阵说笑声："瞧，咱们雷锋这一打扮更漂亮了……"她们推门进去一看，原来是雷锋正在伙伴们的说笑声中试穿一套新衣服：棕褐色皮夹克，深蓝衣料子裤，脚下是锃亮的黑皮鞋。杨华像是不相信自己的眼睛，不住地打量这个英俊的小伙子，连声夸奖。张棋、小易在一旁抿嘴笑着……

  雷锋有点不好意思了，当即脱下了这套新衣服。后来，雷锋依然穿着那一身旧衣裤，很少穿这套新装。他说穿新装不舒服，不习惯。雷锋还说："我想，我从农场来到鞍钢，工作没干几天，还谈不上有任何成绩，怎么就讲究起穿戴来了？我不能这样。"

  这件事给她们三个人的印象是很深的。到鞍钢十个月来，共同的生活和斗争使他们结下了深厚的友谊，雷锋的言行给她们留下了许多美好的记忆。今天，她们为他送行，留恋之情显而易见。

十六、突击队何惧脏与累

骄阳似火的八月,雷锋和一些青年伙伴斗志昂扬地来到了焦化厂工地。新建的焦化厂工地,是在弓长岭偏僻的山脚下。刚来到这里,一切都是白手起家,工人宿舍还没有盖起来,大家暂时住在破旧的土房里,睡的是二层格的大通铺,又漏雨,又透风。食堂是临时搭的大席棚,厨房是露天灶,走的是坑洼不平的山路,吃饭用水和洗脸用水都要到离工地二里多路远的村子里去挑。这里的工作、生活条件,与鞍钢相比,真是差远啦。有人怕吃苦,甚至要求回鞍山。

雷锋却没想这些,一来到工地,他就帮助大家搬行李,整理床铺,里里外外忙得最欢。工地团总支李书记知道雷锋是从鞍钢化工总厂来的先进生产者,出席过鞍山市青年社会主义建设积极分子大会,是一个优秀的共青团员,来到工地以后,又一天忙到晚,没个闲着的时候,心想:要搞好工地建设,把共青团工作开展起来,就需要这样优秀的共青团员起模范作用。于是,他把雷锋叫到身边说:

"看得出来,你和那些怕吃苦、不安心的同志不一样,希望你今后更好地发挥模范作用。"

雷锋说:"我是个苦孩子出身,是党把我培养大的。党就是我的亲生父母。党指向哪里,我就奔向哪里。我走到哪里,哪里就是我的家。现在来到工地，工地就是我的家。越困难，越能锻炼人，我一定要在这里扎根！"

一天夜里刮起了大风，大风夹带着灰沙，刮得破土房里冷飕飕的，灰沙灌进了他们的破土房，大家都没有睡好觉。

"冷吧，小雷？"挨着他睡的一位老师傅，将压脚被盖在他身上。

"我不冷，你盖吧。"雷锋又把被子还给了老师傅。

"南方小鬼，比不上北方人抗冻！"老师傅还是给他盖上了。

雷锋感动地说："师傅，我什么苦都吃过……"他见大家都睡不着，就讲起了自己童年的苦难。宿舍里的人听着听着，流下了眼泪。雷锋最后说："为了建设咱们一穷二白的国家，比比过去，想想将来，眼下有个睡觉的地方就是福啦！"

那位老师傅感动地又给他掖掖被角，说："睡吧，睡吧，等把宿舍盖起来就好了。"

雷锋躺在床上，想到自己将要在这个荒僻的山脚下，和大家一起建设起一座新的焦化厂，为祖国的钢铁工业做出更大的贡献，心里就暖乎乎的。他默默地说：眼下的困难是暂时的，局部的，可以克服的。而困难一旦被克服以后，新的美景和胜利就展现在我们面前了。

不忘过去，发愤图强，他总是唱着歌去工作，去迎接困难。开始修建宿舍了。运石头，雷锋拣重的挑；运木料，他挑大的扛。发现好人好事，他就编快板，写墙报，进行宣传鼓励。他走到哪里都像一团火。领导把他编进青年突击队，共青团员们选他当了团支部宣传委员。

入冬以后，东北山区格外冷，给施工带来了新的困难。领导把和泥这个最累最脏的活，交给了青年突击队雷锋所在的小组。

干了两天，雷锋发现砌砖和运砖的同志上班后，要等和泥组把泥和好才能开始干活，每天都窝工个把小时，影响施工进度。雷锋想，看来要想不窝工，和泥小组就得提前上班。从此，他发动和泥小组的几个共青团员，每天天不亮，当别人还在熟睡的时候，他们就来到工地先和了一堆泥，等砌砖运砖的同志一上班，马上就能干活。但冬季施工，开始没经验，用土和的泥黏结性小，砌上的砖不牢固。经过研究，把蒿草、砂子和土掺在一起，就解决了这个问题。但是，大家只用铁锹、二齿钩子使劲拌和，进度慢，硬土块还搅拌不开。砌墙的同志有意见了：

"这是和的什么泥？疙瘩溜秋的，一点也不好用。"

雷锋觉得人家说得对。怎么办？他脱下鞋，挽起裤腿，踏进泥水里，用脚踏碎土疙瘩。工段领导怕冻坏他的脚，连忙取来胶靴叫他穿上。可穿上胶靴，一踩进泥里，胶靴就被沾住，拔不出来。没少费劲，泥还是不匀。雷锋干脆把靴子甩掉，又光脚踩泥了。

在雷锋的带动下，伙伴们也照着他的样子干起来。泥水冰冷扎骨，砂石乱草扎得脚生疼，他们坚持这样干，终于和出了质量很好的泥。

施工进展很快，砖墙越砌越快。但是，墙砌得越高越不便运泥。雷锋一边赤脚踩泥，一边琢磨：能不能找个窍门？他站在泥里比比划划的，谁也不知他想干什么。

同他一起从湖南来的小叶，好奇地问道：

"你比比划划地想干什么？"

"来，帮我参谋参谋。"雷锋从稀泥中拔出脚来，对小叶说，"我想搞土吊车运泥，你看行不？"

说罢，他把大家叫在一起，在地上画着图，讲解他的想法。

"行，保险行！"伙伴们都赞成他的想法，并立即向工段领导汇报,得到了领导的支持,他们当天就在工地上架起了"横杆吊斗",经过试验,完全适用,吊泥、吊砖、吊瓦都行,大大加快了施工进度。

已经是11月末了,天气越来越冷,早晚已开始结冰。最后一栋宿舍正在打地基,急需在严冬前完工。但这时打地基的石头用完了,工地附近的石头也拣光了,等采石场运石头来,不知要等到哪一天。时间不等人哪!雷锋和青年突击队的同志到处去找石头。

这天,雷锋和小叶发现离工地不远的河沟里有不少石头。他们找来钢筋钩子往上捞,一钩一滑,捞不上来。他们脱下鞋袜,挽起裤脚,踏碎岸边的冰碴,趟着水去捞。深的地方,水浸没膝盖,冻得腿脚生疼、麻木,他们咬着牙,坚持把石头一块一块地往岸上搬。干了一阵,雷锋对小叶说:"光我们两个人不行,要把大家都喊来,人多力量大。"他跑回工地,把青年突击队的人全找来了。大家一看河里有石头,都跟着雷锋跳下去捞起来。打地基用的石头不够用的问题就这样解决了。

一天晚上,雷锋正在新建的调度室里看书,忽听外面"刷刷"地下起雨来。他走出调度室,风雨迎面扑来,天黑得伸手不见五指。住在这里的调度员十分着急地说:

"工地上还有六节车皮水泥没卸下来,被雨一淋,就要变质,得赶快叫人抢救!"

雷锋一听,吃了一惊,水泥是国家财产,绝不能让它受到损失。他马上顶风冒雨,跑回宿舍,叫上二十几个小伙子,又把自己的衣服、被子都抱到现场来,盖在水泥上。然后又组织大家分头找雨布,找芦席,抬的抬,盖的盖,经过一场雨夜激战,终于使七千二百多袋水泥没有受到损失。可是雷锋的衣服、被子却连泥带水搞了个一塌糊涂。

没过几天,《辽阳日报》就报道了抢救水泥这件事,表扬雷锋舍己为公的事迹。

一天早晨,天灰蒙蒙的,北风里飘着小雪,气温降到零下20度左右。新盖好的宿舍,玻璃窗上结了很厚的冰花,从窗缝里钻进来的寒流,逼得人蒙头睡觉。被窝里被窝外是两个世界。小叶要赶早车到鞍山去办私事,老早就醒了,就是舍不得离开热被窝,一分一秒地计算着赶路、到站、开车的时间,实在不能躺了,才爬起来。一出门就打了个寒颤,北风里飘着雪花,实在够冷的。他急忙把帽耳结好,袖着手,走上傍山公路,忽然发现前边有个人影,个子不高,两个帽耳子被风吹得直呼扇,只见他一手提着粪筐,一手拿着粪铲,一会弯下腰去,一会站起身来。小叶想:北方人就是抗冻,这么冷的天,还起这么早拾粪!当他走近那拾粪人时,不禁大吃一惊:

"雷锋!"小叶喊着扑上去,夺过粪铲,"我的乖乖,我还以为是农民呢!这么冷的天,不在被窝里享福,出来干嘛?"

"看你大惊小怪的!"雷锋夺回粪铲说:"卧被窝子算什么福?"

"你起早拣粪干什么,你要种地?"

"我种什么地。拣点粪支援姑嫂城生产队。支部不是号召我们多给生产队做些好事吗。再说,早点起来,也能锻炼耐寒力。"

雷锋这话,使小叶又感动又惭愧。他是为了赶早车才起了个大早,否则现在还躺在热被窝里"享福"呢,可人家响应党的号召,已经起来拣半筐粪了。小叶想:雷锋为农业生产出力,我也不能落后。他打消去鞍山办私事的念头,也跟着雷锋拣起粪来。

两个人一边拣粪一边闲聊。小叶见雷锋只穿一件绒衣,冻得冷哈哈,就问:

"你的棉衣呢?"

"刚才,我给吕大爷披去了。"

原来这位吕大爷,是雷锋所在部队驻地附近姑嫂城农村的一位牧羊老人。雷锋有时到乡下去办事,了解到这位老人在旧社会受过不少苦,新中国成立后才翻了身,一心一意参加生产劳动,参加社会主义新农村的建设。雷锋非常喜欢这位老人。今早起来拣粪,恰好遇到老人出门去办事,雷锋见他穿的衣服单薄,就脱下自己的棉衣给老人披上了。老人说啥也不要,雷锋不答应,争执了半天,硬让老人穿去了。小叶知道雷锋同吕大爷关系密切,但他并不完全了解这种关系是由于他们共同的阶级命运而连结起来的。

"你穿这么少,还坚持拣粪,不冷吗?"小叶关切地问他。

"咱们活动活动就暖和了,不能让老人冻着啊!"雷锋说,"我有个体会,当你为别人做了点好事的时候,自己虽然冷点,但心里是暖和的。"

这件事使小叶更加敬佩雷锋了。从此,小叶经常和雷锋起早贪黑地拣粪。他们在工地附近挖了一个粪坑,粪坑装满了,便把粪送到姑嫂城农村去,一共送了两千多斤。农民们发现地头上多了一堆粪,有点奇怪,不知是哪儿来的。后来才知道是雷锋他们悄悄送来的。农民们十分感动,给工地领导写信表扬雷锋,并表示要多打粮食支援工地建设。

雷锋在焦化厂工地只工作了五个月,加上在鞍钢化工总厂的时间,他三次被评为先进生产者,十八次被评为标兵,五次被评为红旗手,荣获"青年社会主义建设积极分子"称号。火红的青春,赢得满身荣誉。

十七、真挚的友谊

雷锋8月26日离开鞍钢来到焦化厂工地,小易乘一辆运送建筑材料的卡车也来到了弓长岭工地。当时这座计划年产三十万吨焦炭的厂子还没个影呢,大家就是奔着来建设它的。她到工地办公室报了到,连行李都没往住处搬,就跑到工地上来了。在修建宿舍的地方,她远远地看见雷锋穿着背心,挽着裤脚,打着赤脚,正同大家一起和泥运泥。他只顾埋头干活,半天也没看见远远奔来的小易。她情不自禁地招手喊了声"雷锋!"他才抬头看见了。瞧他那样子,像是很高兴,又像很吃惊,赶忙将手中的铁锹往泥里一插,光着两只脚朝她跑过来。他在衣服上擦了擦沾满泥浆的手,猛力握住她的手说:

"小易,你怎么到这来啦?"

"这地方只许你来,不许我来呀?"

"你不是怕……"

"我什么都不怕,就怕……"下面的话没好意思说出口,伸手将围在雷锋脖颈上的毛巾拽下来递给他,"快擦擦你脸上的汗水吧!"

就这样,小易和雷锋又到一起工作了。这里的生活条件的确不好,住的是四面透风的土房子,连女同志睡的都是二层的大通铺。伙食也很糟,多半是粗粮,饮水、用水都很困难。如果不是雷锋在这里,小易说不定又要哭鼻子。然而这回她是乐呵呵地对待这一切的,没叫一声苦,没掉一滴泪。领导上分配小易当了施工统计员,每天负责统计各个班组的施工进度,所以对雷锋的劳动情况是了如指掌的。雷锋这个人不论干什么都抢在别人前头。干起活来好像有使不完的劲,别人休息他不休息,办墙报,编快板,发动大家的劳动热情。他到哪里都像一团火,在他身边让人感到温暖。每次评先进评标兵他都榜上有名,而且名列前茅。领导把他编入青年突击队,哪里困难他就出现在哪里。

雷锋的劳动生活时时牵动着小易的心。他如此夜以继日地忙碌不停,她是又高兴又心疼。她埋怨他太不知关心自己了,一天到晚除了劳动就是学习,在席棚里吃饭经常是窝头馒头就咸菜,很少买点好菜吃。见到这种情形,她很想照料照料他的吃和穿,又怕别人说三道四,心情矛盾极了。尽管这样,她还是变着法儿让他吃得好些,穿得暖些。就说吃饭吧,她拉着他搞"互助"——让他买饭她买菜,买来好菜一块吃,免得他上顿下顿都吃咸菜。

雷锋衣服穿脏了,她就帮他洗一洗。一天晚饭后,她来到雷锋住的土房里,见他伏身在通铺上正埋头写什么。她悄悄凑近一看,原来他正在写日记。他发现小易来了,连忙合上了日记本。她笑道:"不要对我保密了,净写些什么'青春'呵,'美好'呵,我都看见了。"他歪头一笑,立刻把日记本塞到她手中,说:"看吧,管够看,我的日记对你不保密。"她心说管你保密不保密,反正我要看一看。雷锋这本日记恰好是农场黄丽送给他的那本,翻开头一页,黄丽那篇"临别赠言"就把小易吸引住了。她用心地仔细地看了一遍,问道:"这位'黄丽姐姐'是谁呀?对你抱的希望还不小呢。"雷锋如实地对她讲了有关黄丽一些情况,夸奖黄丽如何能干,如何好学,如何懂事。小易关心地问"你把她夸得这么好,分别这一年多,你们一定没少通信吧?""一封也没有。""那为什么?""没时间也没精力。""我不信。""不信?你以为我会说假话?""不!我不过随便问问,其实你们通信不通信与我有什么相干……"小易瞟了雷锋一眼,再不往下追问了。她翻过黄丽这页赠言,这本到工地以后开始写的日记,每篇都很简短,记了这段生活、劳动的一些情况,也抒发了一些感想。她希望能在日记中见到自己的名字结果翻到底没有一句提到她。这倒使她有些怅惘,但细想想也不该,他的日记很少叙事记谁,多为抒怀言志。像什么"一花独放不是春,百花齐放春满园""一个人先进总是单枪匹马,众人先进才能移山填海""记住:伟大出于平凡,一切为了社会主义建设,要发出青年的光和热。"这一天——10月25日,小易开始偷看的那一篇,写的是:"青春啊!永远是美好的,可是真正的青春,只属于这些永远力争上游的人,永远忘我劳动的人,永远谦虚的人。"在小易看来,这篇日记恰好写出了她对雷锋的看法;这就是他的自我写照。他就是这种人,小易爱的也是这种人。

她放下日记,动手翻检雷锋的铺盖,说是要帮他洗洗衣服。雷锋夺过脏衣服,说什么也不让她洗。她见床上被褥也脏了,心想:冬天要来了,不抓紧拆洗拆洗,冬天盖怎么会暖和?她拽过被子就要拆,他又夺过不让动,说是天晚了,洗了干不了,夜里让他盖什么?唉,小易想帮忙,结果什么忙也没帮上。他这个人,不论什么事,肯为别人献出自己的一切,绝不肯让别人为自己做一点什么。

事有凑巧,有一天晚上来了一场铺天盖地的大雷雨,小易她们在土屋里刚铺被要睡,忽听窗外响过一阵急促的脚步声,还隐隐约约听见有人说什么东西遭雨淋了。等小易和几个女工跑出去一看,雷鸣电闪,大雨滂沱,什么也没看见。她们回屋骂了一通老天爷也就睡了。第二天醒来她们才听说，昨夜发生了前面提到的雷锋他们抢救水泥的事。等她跑到现场一看，雷锋那套小易想洗没洗成的蓝花土布被褥，连泥带水地盖在水泥车上。天晴了，小易爬上敞车把被褥拽下来，被褥托在手上湿漉漉、沉甸甸的。

这时，陆续赶来了一些人，雷锋也在里面。大家七手八脚地帮他把被褥里的雨水拧干，没有一个不夸赞雷锋的。团总支部李书记当即指定小易和于姐（一位女技术员）帮助雷锋拆洗被褥。小易连早饭也没顾得上吃，抓紧拆开被褥，取出棉絮送到烧水房去烘干。她向炉膛里加了两铲煤。担心上午烤不干，下午做不完，晚上让雷锋盖什么！她刚挑起水桶，想去挑水洗被面被里，雷锋急颠颠地从食堂赶来，他一手递给小易两个烧饼，一手夺去她肩上的扁担："你吃早点，我去挑水，回来我自己洗，你只帮我缝好就可以了。"小易争着说："你就把这个任务交给我吧，你昨晚没睡好觉！""没事。"小易拗不过他，只好由他去了。

被褥，拆拆洗洗再晒干，整整忙了一上午。最急人的是棉絮，小易在烧水炉旁左烘右烘也不干。同时她发现，经水雨浸泡过的棉絮，一烘烤变得硬橛橛的，这样缝起来盖在身上，肯定是既不暖和又不舒服。这可怎么办？去买新棉絮吧，当地无处去买；去向公家要一床，雷锋肯定不会同意。小易想来想去，终于想出一个主意：先把我的棉絮悄悄换给他，以后进城我再买床新的。这主意倒不错，可她为什么一定要悄悄换？不言而喻，不这样做不行呀，雷锋的脾气她是晓得的，他只肯帮助别人，不肯别人为他做任何牺牲，哪怕是一针一线。何况小易想换棉絮这件事，还蕴含着一个痴情姑娘埋在心底的隐秘呢。

她进行得很巧妙，终于悄悄地达到自己的目的。而且她相信，包括于姐在内没有一个人看出了任何破绽。晚上，小易抱起缝做好的被褥走进雷锋住的土房,她亲手把被褥铺在雷锋的铺位上。雷锋和他身边的几个伙伴一再表示感谢,说亏了小易针线好缝得快,不然雷锋还得当一夜"团长"。雷锋乐滋滋地用手抚摸自己铺好的被子。手指好像顿时感到了什么,奇怪地"嗯"了一声,"不对呀,"他问身边的几个伙伴:"你们说,这棉絮经雨水泡过,是会变软呢,还是会变硬?"有个小伙子说:"当然会变硬,怎么会变软,除非……""除非什么?"小易看这事要露馅,马上抢过话来说:"你们外行,不懂,泡过的棉絮晾干后,用竹竿猛敲打几次,比弹过的棉花还要软哩。""是不错,"雷锋拍打一下被头说,"感谢你为我劳累一天,更感谢你能把雨水泡过的棉絮变得这么软和……"

小易心满意足了,她为这事在回去的路上还在暗笑:男同志再精明也有粗心的时候。岂不知,你雷锋的硬棉絮已经装进了我的花被套。

转眼已经是十一月末了。下这头一场雪,遍地开始结冰。小易想:天再冷也不怕了,只要雷锋能在破土房里睡得暖暖和和,冬天冻不着,我心里所感到的温暖和幸福是会战胜严寒的。当雷锋所在的青年突击队抢修完最后一栋宿舍,大家高高兴兴搬进了新房,就盼着新建的焦化厂早日投入生产,好大显身手了。

雷锋帮小易搬房子那天,安顿好以后,她拉着他坐在暖烘烘的火墙跟前,问他:"等焦化厂投产了,你是继续留在这里,还是想回鞍钢去?"雷锋望着她只是憨笑,不肯说出自己的想法。而且,他那含笑的眼睛里分明流露着一种难以琢磨的神情。小易急了:"光笑什么,你说呀!"

"你呢?你是怎么想的?"雷锋收住笑容反问道。

"我……我想好了,你留下我也留下,你回鞍钢我也要求回鞍钢。"

姑娘的话说得多么坦率，雷锋是应该理解这番心意的。但是，当雷锋也坦率地说出自己心思的时候，却是这姑娘万万没有想到的。

"小易，我告诉你吧，我要当兵去！"

"当兵？"小易一下怔住了。

雷锋见她深感意外和吃惊，就耐心而激动地解释说："当兵是我从小就有的愿望。我是个苦孩子出身，吃过旧社会许多苦头。解放后，是党把我培养大的，一直生活得很幸福。我知道，这幸福来之不易，受过苦的人，谁不想珍惜？弓长岭矿已经开始征兵了，我准备报名应征。"

小易听完这番话，依然怔怔的，说不清自己当时的心情是悲是喜，是苦是甜。只是感到有些心神不安，坐卧不宁。她怕雷锋去当兵，又希望雷锋去当兵，头脑里这两种想法不停地在打架。没过几天，工地领导派她回鞍钢办事，顺便去看望分别数月的杨华和张棋。她深知她们都关心雷锋，就把他要去当兵的事说了。她们听后都非常高兴。杨华认为，雷锋去当兵，一定是个文武双全的好战士，将来准能当英雄。她说："你回去代我向他表示祝贺！希望他常来信。"张棋捉弄小易说："雷锋到矿山去，你跟着上了矿山；这回雷锋要当兵去，你也跟着当兵去吧！"她这话说得小易脸红了，就扑在张棋怀里好一顿捶打她："你坏，你坏……"

其实，小易何尝不想和雷锋一块去当兵。她临来确实已经问过辽阳市武装部的同志，遗憾的是，人家说不收女兵。

1960年元旦刚过，雷锋被批准参军那天，他从辽阳武装部赶回来，见到小易就说："祝贺我吧，成啦！"那高兴劲就不用说了。当大家帮他整理行装的时候，他把自己穿用过的旧衣物包了一包，让小易代他送给姑嫂城生产队的五保户、牧羊老人吕长太。接着他又把小易亲手拆洗过的被褥，叠得整整齐齐地交给她，当着众人的面只说让她为他保存起来。过后却悄悄对她说:"小易,山沟里天气冷,你不要再盖我那床硬橛橛的棉絮了……"

小易一怔:"怎么,你已经晓得了?"

雷锋深情地说:"你的心意我是知道的。你帮我拆洗了被褥的第二天,趁你不在屋,我去翻看了你被子里的棉絮,于姐也告诉了我……"

小易不许他再讲下去了。只要他了解她的心意,她也就心满意足了。

小易的心事被周围的同志看出来了。就在他们分别的前夕,热情的团总支李书记和于姐把小易和雷锋找在一起,问他们在爱情问题上有什么打算,需要什么帮助?小易脸红了,一时真不知该怎样回答他们。雷锋却郑重地说:

"我和小易是同乡,从长沙到鞍钢,我们好得像兄妹一样,从来没有谈过这些事情。我觉得我们都还年轻,谈这种事还早。我参军以后,我们会继续互相关心,互相帮助的……"

第二天,雷锋要走了。别人参军都有父母兄弟姐妹相送。雷锋是个孤儿,他除了在工作中结识的伙伴,没有别的亲人来送行。在工地欢送会上,团总支李书记特意让小易给雷锋戴上光荣花。大家一直把他送到安平火车站。小易,这位文静少言的姑娘,心中不知有多少话想对雷锋说,却一句也说不出来。只在站台列车旁握手告别时,他们才含着泪水讲了几句互相鼓励的话。

小易后来回忆他们这段真挚的友情时,对雷锋的为人,曾做过这样的评价——你渴了,他就是一滴水;你饿了,他就是一粒粮;你心里暗了,冷了,他就是一团火,一线阳光……他很平凡,但他把自己仅有的一点火和热,全部献给了人民,献给了党!

十八、绿色军营

1960年1月8日,雷锋穿上了崭新的军装,实现了"当一名光荣的解放军战士"的愿望。

在新兵连进行基础训练期间,雷锋不论学什么都非常认真。当班长带领全班新战士,在刺骨的寒风中进行队列训练的时候,雷锋对各种转法,各种走法,都按照班长的要求,细心体会,认真操练,一招一式都做得利利索索,从不马虎,学得既快又合乎标准。班长非常满意,称赞雷锋是个"标准的战士"。

3月,新兵训练结束了,雷锋被分到运输连当汽车兵。

雷锋到运输连后,被分配到新兵训练排,学习开汽车。当时新兵排的同志已经学了一个多月,汽车理论课差不多已经学完,眼看就要开始学习驾驶技术了。

雷锋立刻向三排长(兼汽车教员)反映了自己焦急的心情。

"排长,你可得赶紧帮助我呀!"

三排长给他一本《汽车驾驶》课本,说:"咱们一块学吧。你下连晚了,光着急没用,一时上不了工地,晚几天就晚几天吧。"

"晚几天怎么行?"他已经到工地看过了,原来他们是根据上级的指示,来扩建抚顺钢厂的。好宏伟的建筑工程啊,一二排的老同志夜以继日地驾驶着汽车,为工地载运各种建筑材料,雷锋怎能甘心晚几天?他恨不得马上就能开着汽车,像老同志那样为支援国家工业建设贡献自己最大的力量。

怎样能赶上落下的课程呢？他把汽车的构造、各种机件的性能和操作方法，同自己原来开过的拖拉机、推土机作了比较，找出不同点。车场上一有空车，他就拿着笔记本爬到车上，钻到车下，对照着机件一件一件地熟悉它、掌握它。这样，他很快就从汽车的原理和构造上把汽车的特点摸熟了。

新兵排讨论有关汽车原理、构造的时候，雷锋的发言有条有理，同志们都很佩服，想不到这个晚来了一个多月的新兵真有两下子。

按理说熟悉汽车的原理、构造后，接着就该上车学驾驶了。但是，由于连里运输任务重，新兵排二三十人，每人每天轮流驾驶不了一次车，而雷锋又不愿意挤大家，这可怎么办？

新战士小韩提醒说："你们看过六班做的那个汽车模型吗？咱们能不能造个教练车？"

王大个子不以为然地说："汽车模型像个玩具似的，能解决你的驾驶问题？"

小韩冲着大个子说："你再想想嘛！"

雷锋想了想，脑子开了窍，明白了小韩的意思："你是说，他们能做汽车模型，我们就不能造个汽车教练台？"

小韩说："就是嘛！咱们造不了汽车，造个教练台总可以吧。"

王大个子也来了劲头。他们按照教材画了一张汽车教练台的设计图，得到三排长的支持后，就按图需要找来一些废旧物品，大家动手，你当木匠，他当铁匠，不到两天，就丁丁当当地把它造出来了。在安装方向盘时，雷锋用砂纸把它擦了又擦，涂上黑油漆，真像新的一样。

小韩问："你把它打扮这么漂亮干什么？"

雷锋说："汽车开得好坏,全靠掌握方向盘。"

小韩连连点头说："你真够细心的。"

做的汽车教练台放在宿舍门前,新兵排的同志对它发生了很大的兴趣,这个上去练一练,那个上去学一学,都说和坐在教练车上学和原地驾驶差不多。雷锋抓紧一切时间,坐在教练台上反复练习踩油门,踏离合器,挂挡,掌握方向盘,真像把汽车开动了一样。晚上熄灯以后,躺在床上,有时他还想着怎样开汽车,手和脚在被窝里也配合着做起动作来。

但是,雷锋个子小,腿短。他坐在汽车司机座位上,换挡时,脚踏在离合器上,齿轮打得嘎嘎响。这样,不但容易打坏齿轮,也掌握不好换挡技术。他想:上级号召练过硬本领,换挡换不好,这可怎么成?

为了突破这个难关,他在驾驶座的靠背上,垫了一块方木,顶住自己的背。这样,身体往前移了些,腿就能把离合器一下踏到底了。

解决了这个问题,他一有空就到驾驶室练习。并向技术好的副班长和战士们请教。就是北风刮着小雪的星期天,他也苦练。脚冷了跺跺脚,手冷了搓搓手。反复地练,顽强地练,终于突破了难关。

雷锋经过这段废寝忘食的学习,终于把落下的课程赶上了,新兵排的同志还一致推选他当了技术学习小组长。

运输连高指导员听了三排长的汇报,在全连军人大会上表扬了雷锋刻苦钻研技术的精神。

几个月以后,雷锋就掌握了全部驾驶汽车的技术,当他第一次开着汽车执行任务时,心里是多么兴奋!他以十分自豪的心情,写下了这样一首小诗:

小青年实现了美丽的理想，
第一次穿上庄严的军装，
急着对照镜子，
心窝里飞出了金凤凰。
党分配他驾驶汽车，
每日就聚精会神坚守在车旁，
将机器擦得像闪光的明镜，
爱护它像爱护自己的眼睛一样。

  但是，他并不满足已有的技术水平，他知道，要更好的做好革命工作，既要有先进思想，也要有高超的技术。因此他处处留心学习。他坐公共汽车，总是站在司机后面，认真观察，看人家遇到各种复杂情况时，是怎样操作的。坐长途汽车，有时汽车要停下休息，他就帮司机加水，擦车子；不明白的地方，就向人家请教。

  有一次，他乘兄弟部队的汽车回驻地，他见汽车忽然减速，司机却拉动了一个阻风，做了一个上坡才用的动作。他很奇怪。车停后，请教司机，司机说：

  "我拉阻风，是想判断减速的故障是出在油路上还是电路上。"

  雷锋把这个简单判断故障的方法，回去告诉了战友们。大家都认为很好。

  一次出车前，雷锋和助手小韩检查车辆时，发现一个豆粒般大的火花塞帽不见了，找了半天也没找见。小韩着急出车，便找来一个新的火花塞帽，说："把它换上，赶紧出车吧，今天的任务很重！"

"任务重也不能这样走。"雷锋想,若是火花塞帽掉进汽缸里,马马虎虎把车开出去,就会发生事故,给国家造成损失。他说,"不找到这个火花塞帽,我们绝不能出车。"

小韩见他这样坚决,就跟他一起将车辆机件拆开,细心查找,终于在汽缸里找到了火花塞帽。这件事使小韩受了很大的教育,心想,不是雷锋坚持要找,出车后非出事故不可。

十九、革命勤奋好学的"傻子"

雷锋知道学习的重要,就挤出一切时间来学习。"不学无术在任何时候,对任何人,都无所帮助,也不会带来利益。"他抄录马克思的这句话当作座右铭,激励自己。

他学习文化,学习时事政治,学习业务技术,什么都学。他像海绵吸水一样,吸饮着各种知识,来丰富自己的头脑。

一天,在工人俱乐部看电影的时候,开演之前,运输连附近建设街小学有个姓贾的小同学发现前排座位上有位解放军叔叔,正在聚精会神地看一本厚厚的书。他往前凑了凑,想看看究竟是本什么书使这位解放军叔叔这样入迷。他探过头去一看,原来是一本《毛泽东选集》;再看看读书的人,他竟惊喜地叫出声来:

"这不是雷锋叔叔吗?这么一点时间,你还看书啊!"

雷锋回过头来说:"时间短吗?我已经看了三四页了。时间短,看一页是一页,积少成多嘛。学习,不抓紧时间不行啊!"接着他问小贾:"你对学习抓得紧吗?"

"不紧。"小贾不好意思地说。

"不抓紧可不好。"雷锋亲切地说,"你们在学校里学习,太幸福了,应该抓紧时间,好好学习。当然,也不是说所有的时间都看书。可是学习的时候,一定要认真地学。不然,时间就白白地过去了。"

雷锋就是这样抓紧点滴时间来学习的。雷锋的工作流动性大，驾着汽车今天到这里，明天又到那里，没个固定时间。他把要看的书，装在一个小书包里，随身带着，只要一有闲空，哪怕只有几分钟的时间，也拿出书来读它几行。

在连队里，晚上的时间最宝贵，可是熄灯以后还点着灯学习，就会影响同志们休息。因此，连部办公室、事务长宿舍都是他学习的地方，他也常跑到指导员宿舍去学习。到那里，一坐就是大半夜，简直就像着了迷，一动也不动。日子长了，指导员倒担心起他的身体健康来了。

一天晚上，夜已很深了。指导员开会回来，见他还坐在那里看书，就催他说：

"雷锋，学习好，也要休息好，快睡觉吧！"

雷锋见指导员忙了一天，已经很困了，便合上书走了出去。

指导员睡了一觉，猛然醒来，发现屋子里还通明瓦亮，刺得睁不开眼睛，欠身一看，原来雷锋还坐在原来的位置上，一动不动地专心看书。在他旁边，堆放着好些书，还有一本《毛泽东选集》第一卷。他的苦学精神，使指导员深受感动，既不忍心打搅他，又怕他熬坏了身体，便轻轻下了床，走到他身后一看，只见他看的一本书上划了许多红道道，还写着密密麻麻的读书心得。

雷锋回头一看，见是指导员站在身后，心里立刻不安起来，他急忙站起来红着脸说："指导员，我影响了你休息是不是？"

"没有，"指导员无限关怀地说，"天这么晚了，你怎么还不休息呢？"

"没有学完这篇，心里总放不下。"

天长日久，常到指导员屋里学习也不是办法。指导员工作那么忙，晚上不能好好休息，不影响工作吗？他只得回到班里来。

有一段时期，雷锋集中时间学习了毛主席的著作，并且还边学、边想、联系实际。他学习《论军队生产自给，兼论整风和生产两大运动的重要性》文章后，写下了这样的心得：

　　"自己动手，丰衣足食，自力更生，立于不败之地。我们的社会主义建设也是如此。"

　　"通过这篇文章的学习，使我从理论上懂得了军队生产和整风两大运动的重要性。联系到当前我们部队大搞生产的实际情况，更加深了我对毛主席思想的领会。就拿我们连来说，由于搞好了生产，大大地减轻了人民的负担，改善了部队生活。"

　　他学了《纪念白求恩》一文后按捺不住内心的激动，在书眉上写道：

　　"为人民服务，他就能成为一个道德高尚的人。不但要有好的思想，而且还要有高超的技术，才能更好地为人民服务。我活着就要做一个对人民有用的人。"

　　他学了《论人民民主专政》又写道：

　　"知识是无穷无尽的，我要老老实实学习，要不耻下问，要拜能者为老师，学会不懂的东西，学会保卫祖国和建设祖国的本领，为党和人民做出贡献。"

　　就这样，他在刻苦的学习中，获得了无穷的力量和智慧。他感到眼睛越来越亮，心地越来越开阔，世界在他面前变得越来越辽阔广大。他渐渐成长为一个自觉的无产阶级革命战士，在他的行动中迸发出共产主义思想光芒。

　　"解放事业——共产主义全部献出。我活着只有一个目的，就是做一个对人民有用的人。生为人民生，死为人民死。"

　　……

　　雷锋见高指导员翻看起来没个完，想到明天还要工作，就说：

"指导员,别看了,该休息啦。"

高指导员看看表:"哎哟,赶快睡觉!明天你要出车,我也要上工地。"

等他们躺在床上,已经是后半夜两点了……

从此,雷锋在学习上更加勤奋,更加扎实,而且把全班同志都带动起来了。

同志们十分称赞雷锋这种"钉子"精神。正是他的这种"钉子"精神,促进了全连干部战士在繁忙的运输任务中坚持学习马列主义、毛泽东思想,树立全心全意为人民服务的人生观,这对于战胜20世纪60年代初期所面临的各种困难,起了一定的作用。

一天傍晚,大家正围在一起学习,突然发现西北边一栋房子里冒出一股浓烟,火苗乱窜。雷锋定神一看,忽地一声站起来叫道:

"不好,街道加工厂失火了!"

说罢,丢下书本,就向起火的地点飞跑,其他同志也跟在后边跑去。

雷锋个子小,跑得快,到了现场,三言两语问明了情况,就同加工厂的同志一起向火上泼水,他恨不得一下子把火扑灭。

但是火势大,火力小,那木板房子反而越烧越旺了,火苗子呼呼地直往空中冲。

雷锋急得满身是汗,向秀丽护厂献身的英雄形象,在他眼前一闪,他丢下水盆,抓起一把大扫帚,奋不顾身地钻进浓烟烈火,攀登上房脊,挥舞起扫帚,与热火展开了搏斗。同志们一看火焰直向他身上扑,在下面大喊着:

"快下来,房脊要塌了!"

他好像没有听见,仍然奋力扑打着,正在这时候,吼叫着的消防车飞快地赶来了。他这才纵身跳下房来,又和消防队员一起,哪里火大就往哪里扑。

鞋子烧着了,衣服撕破了,手上带了伤,浑身上下被水喷得湿漉漉的,他也不管,直到把火扑灭,他才长长出了一口气,站在地上张口直喘气。

爱开玩笑的老张笑着走过来,指着他的脸说:"瞧,你的眉毛都烧掉了!"

雷锋摸了摸脸,也笑了起来说:

"只要火扑灭了,国家财产没受到损失,比啥都强!"

1960年一进8月,抚顺地区天气骤变。接连几天,闷雷滚滚,暴雨倾盆,越来越大的洪水,淹没了庄稼。雷锋看着这没完没了的雨水,心急如焚。

8月3日,运输连准备参加抗洪抢险。当时雷锋正在拉肚子,连长分配他在家里执勤,好让他休息。

命令刚传达完,雷锋就跑到连部找到连长,急呼呼地说:"连长,你怎么能在这时候把我留在家里?"连长给他解释,他还是不同意,恳求说:"洪水正威胁着人民的生命财产,我能在家里呆得住吗?我请求跟队伍一块走。"

连长又解释说:"你身体不好,领导给你照顾。"

"我不要照顾。"他的犟脾气又来了。他瞄了指导员一眼,希望指导员替他讲讲情。指导员会意地笑道:"你先回去吧,我们再考虑一下。"

经过再三研究,连里才同意他一道去参加抗洪斗争。

二十、光荣入党

1960年9月的一天,在团党委书记韩政委的办公桌上,放着一份雷锋的自述材料,题目是《解放后我有了家,我的母亲就是党》。

当时团党委听取了政治处的汇报,讨论了雷锋艰苦奋斗、勤俭节约,以实际行动支援灾区和地方建设等事迹,决定树立他为全团的节约标兵,号召全团指战员向他学习。为使全团同志更具体地了解雷锋的模范事迹,韩政委让政治处帮助雷锋把他在旧社会的苦难遭遇和解放后的成长经历,写成材料印发各连党支部组织阅读。为此政治处把雷锋找来,听取他的详细汇报,边听边记录,用了两天时间,整理成一份近万字的《雷锋同志模范事迹材料》。最后让雷锋自己过目定稿。他细心地作了一些删节和修改,并加上了《解放后我有了家,我的母亲就是党》这个题目。

韩政委仔细地看了这份材料,立刻批准打印上报下发。韩政委最受感动的是,雷锋同志这样年轻,可他的经历是多么不平常啊!一个在旧社会惨遭家破人亡的孤儿,新中国成立后,在党的关怀培育下,在建设社会主义的征途中,在全国实现农业合作化时,他离开学校自愿留乡当了农民,成了拖拉机手;后来到鞍钢当了工人;现在又为保卫祖国当了解放军战士。小小的年纪已经在工、农、兵三条战线上忘我奋斗。他摘下红领巾,加入了共青团,现在又……啊,他还没有入党呢!韩政委想到这里,又拿起雷锋的自述材料翻阅着——《解放后我有了家,我的母亲就是党》,这十四个字说明了什么?这份材料不就是雷锋的入党申请书吗?

"没有党,就没有我雷锋……"

"可以说,在我周身每一个细胞里,都渗透了党的血液……"

"我有向党说不尽的话,感不尽的恩,表不完为党终生奋斗的决心……"

韩政委立即给运输连打了电话,询问雷锋入党的事。运输连高指导员汇报说,雷锋已向党支部提出了申请,经过研究,支部认为,雷锋出身贫苦,爱憎分明,好学上进,阶级觉悟高,入党动机纯正,只是考虑到入伍时间还不长,需要再经过一段培养教育,就可以履行入党手续了。韩政委在电话中说,要抓紧办这件事,只要具备了入党条件,不要过分强调入伍时间长短的问题。

一天上午,在家休班的同志都睡午觉了。高指导员根据政委的指示和支部的意见,想再找雷锋谈一次话。到四班宿舍一看,雷锋不在。高指导员走出四班宿舍,朝车场扫了一眼,发现13号车驾驶室里坐着一个人,因为车窗上反射着很强的阳光,看不清里面是谁,但高指导员猜想准是雷锋。到车前一看,果然是雷锋,正在聚精会神地读书。高指导员轻轻地叫了声:"雷锋!"

雷锋这才发现高指导员来到了车窗前。

"指导员,你没休息呀!"

"说我,你呢?"高指导员笑呵呵地拉开车门,也坐进了驾驶室,顺手拿过雷锋读的书——《毛泽东选集》第二卷。

原来,雷锋在学习《中国共产党在民族战争中的地位》一文。高指导员看到书中已用红铅笔着重划了这样的几段话(并在书边写着"牢记——"):"共产党员的先锋作用和模范作用是十分重要的。共产党员在八路军和新四军中,应该成为英勇作战的模范,执行命令的模范,遵守纪律的模范,政治工作的模范和内部团结统一的模范。""共产党员应是实事求是的模范,又是具有远见卓识的模范。""共产党员又应成为学习的模范,他们每天都是民众的教师,但又每天都是民众的学生。"

高指导员看到这里,是深受感动的。他把书还给雷锋,仿佛自己面前已经站起了一个模范共产党员的形象。他拉住雷锋的手说:

"支部已经讨论了你的入党申请,大家对你提出的希望,怎么也超不过毛主席讲的这些话呀!我们每个共产党员都应该这样做。"

"指导员,放心吧!"雷锋激动地说,"我一定好好学习马列主义、毛泽东思想,按照党员标准严格要求自己,绝不辜负党的培养教育。"

按照党组织的要求,雷锋更加发奋地学习和工作,不断地锻炼和改造自己。是的,在他的成长过程中,他总是像吸吮母亲的乳汁一样,从党组织的亲切教诲里,从毛主席的著作中,不断吸吮着思想养分,用党员的标准来严格要求自己,通过不断地学习和实践,他的胸怀更加开阔,理想更加远大,立场更加坚定。他深切认识到,中国共产党是无产阶级的先锋队,是理论联系实际,密切联系群众,勇于批评和自我批评的马克思列宁主义政党。我们奋斗的目标,是实现共产主义,而雷锋就把党的这个最高纲领作为自己奋斗的目标,他在入党申请书中表示:"坚决听党的话,一辈子跟着党走。""我活着只有一个目的,就是为了实现人类最伟大的理想——共产主义而斗争。"

一次,雷锋出差到沈阳办事。抽了个空闲时间,怀着崇敬的

心情来到北陵烈士公园，瞻仰烈士墓。在庄严肃穆的气氛中，他在青松翠柏下的革命烈士墓旁漫步走着。当他依次走到黄继光、邱少云、杨连弟、杨根思等英雄墓前时，心潮激荡，难以平静。他轻轻地抚摸着石碑，细心地观看着碑文，那些可歌可泣的英雄事迹，唤起了他强烈的共鸣。他在心中默默宣誓：革命的先烈们，你们为了伟大的共产主义事业贡献了自己宝贵的生命，你们将永远活在我们心中！你们崇高的革命理想和献身精神，将永远鼓舞着我们前进。每当我遇到困难的时候，想起你们，就浑身是力量，信心百倍，意志坚强。

在我单独外出执行任务中，想起你们，就更加严格要求自己，坚决遵守纪律。在得到福利和享受的时候，想起你们，就把享受让给别人，把困难留给自己。我一定继承你们的遗志，做一个像你们那样的无产阶级先锋战士……

根据雷锋的一贯表现，支委会和支部大会一致通过了雷锋的入党申请。

1960年11月8日，雷锋——这个刚刚二十岁的年轻战士，光荣地加入了中国共产党——无产阶级的先锋队。这天下午，他从沈阳回到抚顺，刚巧高指导员在营部开完了党委会，见了他就高兴地说：

"雷锋同志，党委已经批准了你的入党申请，从今天起，你就是中国共产党党员了！"

对一个立志为党终身奋斗的革命战士来说，这是多么大的喜讯，多么庄严的时刻啊。雷锋紧紧握住高指导员的手，眼里闪着激动的泪花：

"放心吧，指导员！为了党的事业，我不惜牺牲自己的一切。"

二十一、对同志春天般温暖

挤时间读书:早起点,晚睡点,饭前饭后挤一点,行军走路想着点,外出开会抓紧点,星期假日学着点。

如果不积累许多个半步,就不能走完千里。

——摘自雷锋日记

雷锋的"小图书馆"每天都吸引着许多战友,一有时间,不是这个找毛泽东主席的著作,就是那个来借诗歌或小说。

小乔是和雷锋一起入伍的同班战友。论工作,小乔可是没得说,就是文化程度低点,一提学习就感到头痛。雷锋为了帮助他,给他当了小教员,真是下了苦工夫,不断给他讲学习文化的重要性,讲学习方法,把着手教他写字,还不断鼓励他,给他增强学习的信心和勇气。

雷锋耐心地劝导他:"小乔呀,一个革命战士,没有文化,怎么能办得成大事呢?你应该定下心,好好学点东西呀!"

小乔说:"我知道学习文化重要,可就是文化硬不往脑袋里钻,你说咋治?"

雷锋说:"只要你定下心,钻进去,还有攻不下的碉堡吗?"

今日说,明日劝,小乔的心终于活了,头一点,干脆地说:"得,听你的,攻攻这碉堡试试。"

　　这小伙子不干便罢,下决心干的事,可也真有股闯劲。在雷锋的帮助下,小乔首先猛攻语文。经过一段时间苦学,有了明显的进步,排里进行语文测验,他得了个一百分,高兴得他举着成绩单对雷锋说:

　　"这一百分,得分给你五十分!"

　　雷锋也高兴得合不拢嘴了:"干吗分给我,这是你努力的结果呀。"

　　不久,连里又给文化低的同志增加了算术课。小乔上完一课,就又打退堂鼓了。他拍着脑袋对雷锋说:

　　"咱底子薄,消化不了这加减乘除。"

　　这下可把雷锋给急坏了。于是,雷锋又耐心地找他劝说,引导,说破嘴皮全不灵,连劝了两天,小乔还是一口一个"消化不了"。

　　这一天,雷锋在《解放军报》上看到一篇好文章:《毛主席关怀警卫战士学文化》,他一口气读完了,立即拿上这张报纸找到小乔说:

　　"看,这里有篇文章,是专门给你写的。"

　　"专门给我写的?"小乔有点不信。

　　"你看嘛!"雷锋把报纸递给了他。

　　小乔看着报上登载的毛主席给警卫战士讲课的照片,心里顿时感到热乎乎的,说:"都写的啥内容,你念给我听听。"

　　雷锋细心地读起来,读一段还讲解几句,激励他坚定学习的信心。小乔边听边点头,心想:毛主席这样关心战士学文化,还有啥可说的,困难再大,也要攻下算术关。

　　雷锋见他鼓起学习信心,马上把事先给他订好的算术本和一支钢笔塞到小乔手里说：

"拿去，好好学习。"

"给了我，你用啥？"小乔不肯要。

"快拿去吧，我还有呢。"

"那，把报纸也给我，我再仔细看看。"小乔拿过那张报纸又细心地读起来……

过了一段时间，雷锋出了几道算术题想考考小乔。小乔接过题目一看，蛮有把握地说："不难不难。"

他坐下来刚要解算，一掏衣袋，糟糕，雷锋给他的那支笔不见了。他把所有的衣袋都翻过了，也没找到。

雷锋见他那着急的样子，又把自己的另一支笔掏出来递给了他，小乔接过笔，三下五除二地算起来。雷锋看他算得很认真，而且全算对了。

"小乔，你进步真快呀！"

"还快呢，若不是你帮助我，我连加减乘除都分不清。"小乔边说边把笔还给了雷锋。

雷锋接过笔想了想，马上又递给他：

"这一支也送给你吧。"

"我不要，明天上街买去。"

"快拿着吧！"

"那你……"

"我还有。"

雷锋就是这样，"关心他人比关心自己还重"，总是满腔热情地帮助同志，"把别人的困难当成自己的困难，把同志的愉快看成自己的幸福。""一花独秀不是春，百花齐放春满园。"雷锋的革命精神首先在四班开花结果了。

在雷锋的影响和劳动下,全班同志团结一心,都以"钉子"精神坚持学习革命理论和军事技术,有力地促进了各项工作。班里有的同志入了团,有的入了党,就连平时不爱学习的小乔,也有了明显的进步。他们成了全连又红又专的先进集体。战友们谈论起来,都说这些成绩的取得是和雷锋分不开的。

雷锋挎包里的书,一天天地多起来,挎包里装不下了,他就钉了一个小书架,把书都放在书架上供战友们阅读。战友们称这个书架是"雷锋图书馆",是大家的学习园地。

深秋时节,部队上山搞小秋收。

这一天,连里组织二十几个同志,让雷锋带队上山割草,准备搭过冬菜窖。早饭后出发,晚饭前回来。每人带一饭盒大米饭,准备中午在山上吃。因为当时正处于困难时期,部队粮食也不足,运输连每日三餐都是用饭盒蒸饭,定量下米。

这天上山前吃早饭时,王大个子吃了三两馒头一碗粥,觉得没饱,就把准备带上山的一盒午饭也吃了,心想:干脆装进肚子里一块带走吧。他膀大腰圆,能吃能干,是全连有名的"大力士"。来到山上,战士们有的采草籽,有的割草,个个生龙活虎,干得挺欢。王大个子也甩开膀子干了一上午。

到了中午十二点,大家仨一堆俩一伙坐在山坡上吃午饭了,说说笑笑吃午饭。他却躲在一旁没吃的了。

雷锋打开饭盒刚要吃,见老王没吃的,心想,他准是忘了带,立刻把饭盒端到他跟前说:"来,老王,吃我的。你这个大力士,干了一上午,不吃午饭怎么行?"

"我……"王大个子吞吞吐吐地说,"我吃过了。"

雷锋笑道:"我知道你吃过早饭了,别客气,"又捂捂自己的肚子说:"今天我胃疼,实在吃不下,你就帮帮忙吧。"

"这……"

"别这那的了。"

雷锋把饭盒塞到他手上,捂着肚子转身就走了。

老王端着饭盒,怔在那里,他望着雷锋的背影,一句话也说不出来。

二十二、列车上的温暖

　　人的生命是有限的,可是,为人民服务是无限的,我要把有限的生命,投入到无限的为人民服务之中去。

　　　　　　　　　　　　　　——摘自雷锋日记

　　这就是雷锋崇高的愿望。
　　雷锋经常出差去丹东,去参加沈阳部队工程兵军事体育训练队,或应邀到外地作报告,这样,雷锋为人民服务的机会也多了。人们流传着这样的佳话:"雷锋出差一千里,好事做了一火车。"
　　这天,雷锋又踏上了从抚顺开往沈阳的列车。他看到上车的旅客越来越多,连忙把自己的座位让给了一位老人。他见列车员忙不过来,就主动帮着扫地、擦玻璃、拾掇桌子,给旅客倒水,帮助妇女抱孩子,给老年人找座位,帮助中途下车的旅客拿东西。这些事情做完了,他又拿出随身带的报纸,给不认识字的旅客念报,宣传党的政策。一些旅客见他忙前忙后,便让出自己的座位说:
　　"同志,看你累得满头汗,快过来歇歇吧!"
　　"我不累呀。"雷锋为人民服务是不知劳累的。
　　到沈阳车站换车的时候,一出检票口,他发现一群人围着一个背着小孩的中年妇女,人们正为她着急。这个说:"你再好好找找,是不是装错地方?"那个说:"到吉林的车快开了,大嫂丢了车票可怎么上车?"只见那中年妇女急得把所有的衣袋翻了一遍又一遍,还是没找到。

雷锋见此情景,不由得上前问道:"大嫂,你到哪儿去呀?怎么把车票搞没有啦?"

那中年妇女急得满头大汗说:"俺从山东来,到吉林去看望孩儿他爹。不知啥时候,把车票和钱都丢了。"

雷锋听她说的是真情实话,他看了看表,怕耽搁了那中年妇女上车,便说:"大嫂,别着急,跟我来吧。"

那中年妇女跟着雷锋来到售票处。

雷锋用自己的津贴费,补了一张去吉林的车票,塞到大嫂手里说:"快拿着上车去吧,车快开了。"

那大嫂看着手中的车票,眼里含着热泪说:"大兄弟,你叫什么名字?是哪个单位的?"

雷锋笑了笑,心想这大嫂真有意思,大概还想还钱呢,就说:

"大嫂,别问了,我叫解放军,就住在中国!"

"解放军……"那中年妇女一边眼泪汪汪地朝检票口走去,一边还感动地不住回头向雷锋招手……

雷锋就是这样永不停息地、全心全意地为人民做好事。难怪人们一见到为人民做好事的同志,便自然而然地想起了雷锋。

有一次,雷锋奉命到佳木斯执行任务。当他乘车回沈阳的时候,照样在车站、在列车上扶老携幼,忙这忙那的,简直成了闲不住的义务列车员。

沈佳线第三次乘组列车员小王,见这个年轻战士一刻也不闲着,立刻想起了她在报纸上读过的雷锋事迹,心想这个浓眉大眼的战士会不会就是雷锋呢？她刚想上前问一问，恰巧列车到了滨江站，外面下着很大的雨，透过车窗一看，装卸工人们正忙着遮盖站台上的货物和行李。火车一停，雷锋就冒着大雨下了车，和装卸工人一起干起来，一直干到开车铃响。

小王见他上了车，衣服都淋透了，鞋上沾满了泥水，马上递过一条毛巾，问道：

"同志，你叫什么名字？"

"我叫……"雷锋擦了一把脸上的雨水，笑着反问道："你问这个干什么？"

"如果我没猜错的话，你就是雷锋同志吧。"

"雷锋……也很平常。"雷锋谦虚地微笑着，把毛巾还给了她，"谢谢你。"

小王立刻跑去，把这件事告诉了列车长和其他列车员。大家听说雷锋在列车上，每个人脑子里都出现了一个人民战士的高大形象，纷纷抽空儿跑来看望他。这个和他握握手，那个和他交谈，有的还请他签名留念，一路上结识了好几个朋友。

列车到了沈阳，等全部旅客都下了车，雷锋又同列车员一起打扫完车厢，他才告别了这些热情的列车服务人员。

"雷锋出差一千里，好事做了一火车"的佳话，就是这样传诵出来的。

一转眼春节到了，战友们都愉快地在一起开展各种文娱活动。雷锋和大家在俱乐部里打了一会儿乒乓球，心里老觉得有件什么事儿没做似的。原来他想到每逢春节，正是各个服务部门和运输部门最忙的时候，这些地方现在是多么需要人帮忙啊。他放下乒乓球拍，叫上班里几个同志，一起向副连长请了假，直奔抚顺瓢儿屯车站，大家就分头忙起来了。这个帮助打扫候车室,给旅客倒水;那个扶老携幼,帮旅客上下车。雷锋把全班都带动起来了。

车站上的工作人员见到雷锋,以为他又是趁出差的机会在这里为大家服务,便过来打招呼说:

"雷锋同志,春节还出差呀?"

"是啊,春节你们站上太忙了,我们来出个公差……"

"出公差?"车站上的工作人员感动地说,"哎呀,你们太辛苦了,快休息休息吧!"

"做这点事能累得着吗?"

二十三、雷锋的烈属亲娘

雷锋听小朋友们说,运输连驻地附近,住着一位烈属张大娘,儿子在抗美援朝战争中,为了保卫祖国,为了朝鲜人民,在白峰山362米高地阻击战中,光荣地牺牲了,被誉为白峰山阻击战七勇士之一。

雷锋很想去看看这位英雄烈士的母亲,至今还没有抽出时间。

张大娘也听到左邻右舍们讲,运输连有个战士叫雷锋,从小就失去了父母,受尽了旧社会的折磨,是在革命队伍里长大成人的,大家都很钦佩他、赞扬他。尤其是那些孩子们,一提起雷锋叔叔,话就特别多,个个都夸他这好那好,要向他学习。

张大娘也很想见见这位苦孩子、好战士。

1961年春天,当地居民兴高采烈地准备选举人民代表了,闲谈之中,有人问张大娘:

"您老打算选谁当代表呀?"

"我呀,要选就选个好样的,我想选雷锋。"

"雷锋是部队的,你咋去选?"

"大家都说雷锋好,不选他选谁?"

这时,部队的选举工作也在热烈地进行,果然,全团上下一致选举雷锋为抚顺市人民代表。

不久，团政治处收到了抚顺市选举委员会送来的一张《人民代表证书》上写着：雷锋当选为抚顺市第四届人民代表大会代表。

当政治处主任把这份代表证书交到雷锋手中的时候，他，一个受尽旧社会折磨和痛苦的孤儿、人民战士，怎么能抑制内心的激动啊！他眼里含着热泪，对主任说：

"请领导们放心，我决不辜负党和人民的信任，永远做一个人民的勤务员，人民的小学生……"

6月的一天傍晚，大雨之后，天边晚霞绚丽多彩。

张大娘手拿铁锹，正在房舍前边的菜园里往外排水。

一个年轻战士向老人走来，远远地就招手说：

"大娘，您老好啊！"

"你是……"张大娘一时愣住了，只见他身材不高，浓眉下有一双闪闪发亮的大眼，很英俊、洒脱。

"我是运输连的战士，叫雷锋。"

"哟，雷锋！"老人的眼睛忽地亮了起来，就像见到了自己的英雄儿子那样，赶忙上前拉住雷锋的手，上上下下地又把他看了看，可除了袖头上、膝盖上补了几块很整齐的补丁之外，并没有什么特殊啊。

"孩子，大娘早就想去看看你……"

"我最近外出比较多，心里也老想着来看您，就是没有抽出时间，一直拖到今天。"

"好，好啊，大娘总算看到你了！"张大娘拉起雷锋就往屋里让，"走，快到家里喝点水去。"

"不啦，大娘！"雷锋顺手拿起张大娘那把铁锹，帮助她从菜园里往外排水。

张大娘不让他干，可他非干不可。大娘只好和他一起，边干边唠起家常来。老人讲起了自己的英雄儿子，雷锋讲了自己的过去和现在，这一老一小的生活命运把他们紧紧地连在一起，越唠越知心，越唠越亲热。

张大娘关心地问：

"你们部队上也选举人民代表吗？"

"部队也选。"

"你们选了谁呀？"

"选……"雷锋谦虚地一笑，把到了嗓子眼的话又咽了回去。

张大娘说："不管你们选了谁，反正大娘是觉得应该选你……"

"选我？"雷锋虽然已经当选了人民代表，但他仍然被大娘的话震动了。这使他想到那份《人民代表证书》凝聚着多少母亲的嘱托、人民的期望啊！

第一次见到张大娘，使雷锋感到自己肩上的担子更重了。

7月27日晚上，雷锋出车刚刚回到班里，工作服还没脱下来，连部文书跑来喊他马上到连部去。

雷锋来到连部，高指导员将抚顺市人民委员会的通知书交给了他，只见上面印着：

市人民代表雷锋同志：

兹定于7月31日午前8时在抚顺宾馆召开第四届人民代表大会第一次会议，会期预计4天，希望7月30日午后3时前到抚顺宾馆报到。如有提案请随身带来。

高指导员既高兴又关切地说：

"雷锋啊，参加人民代表大会是一件大事，你要抓紧这两天时间，认真准备一下，明天就不要出车了。"

雷锋手捧通知书，想了想说：

"党和人民让我去参加这次代表大会，我想，这正是我向全市人民代表学习的好机会。"

"对嘛！"高指导员赞成地说，"希望你很好地完成这次学习任务。"

"是。"雷锋的回答十分坚定。

因为连里运输任务很紧张，尽管领导上一再让他留在家里，做些去开会的准备工作，可是第二天、第三天，他都照常坚持出车。直到第四天——7月30日上午，他才留在家里，把自己驾驶的13号车，认真检查、保养了一次，又向助手仔细交代一番，这才脱下工作服，换了一身整洁的军装。午后，他带着正在读的《毛泽东选集》第四卷和一个日记本，告别了连队，准时来到了抚顺宾馆。

抚顺宾馆，群英聚会。

雷锋是抱着学习态度来参加这次人民代表大会的。他真想把每位代表的先进思想、先进经验都学过来，进一步提高自己的思想水平和工作能力。

开会之前，大会秘书处发给他一个文件袋，里面装着十几份会议文件。他仔细读着这些文件，同时想到，像我这样一个穷苦人出身的人民战士，能够参加这样的大会，要在过去真是做梦也想不到啊！他抓紧时间读完了会议文件，便在自己的文件袋上写了这样一首枪杆诗：

过去当牛马，
今天做主人，
参加代表会，

讨论大事情。

人民有权利，
选举自己人，
掌握刀把子，
专政对敌人。

衷心拥护党，
革命永继承，
哪怕进刀山，
永远不变心。

雷锋住在宾馆二楼。他隔壁的两个房间，住有6位代表，全是六七十岁的老大娘，雷锋十分敬爱这些老人。在会议期间，他时常到这些老人的房间去，同老人唠家常、谈会场。上下楼梯或外出参观时，总是主动上前搀扶这些老人，早晚还时常帮助她们扫扫地，打打开水。这些老人也非常喜欢雷锋，每次见了面，总是笑呵呵地叫他"小雷、小雷"的，就像母亲呼唤自己的孩子那样亲切、悦耳。在这些可敬的、幸福的老人面前，雷锋时常想到烈属张大娘，想到千千万万的革命母亲，心里充满了无限的温暖。他想，我们伟大的社会主义祖国，给这些在旧社会受尽了苦难的老人，带来了多么幸福的晚年啊！她们这么大年纪，还继续为革命工作，关心国家大事，我又该如何？

"……从阶级友爱出发，我不但爱这些老大娘，而且爱全国人民，爱全世界的劳苦大众。他们都是我的亲人，我要为他们的自由、解放、幸福而贡献自己毕生的精力，甚至最宝贵的生命。"

这就是雷锋在会议期间写下的日记中的几句话,也是他发自内心的誓言。

通过大会学习、讨论,雷锋更加充分认识到,在党中央、毛主席的领导下,认真贯彻"调整、巩固、充实、提高"的正确方针,自力更生,发奋图强,我们的社会主义建设事业才会欣欣向荣。我们的党关心、爱护人民,人民和党一条心,这就是我们战胜一切困难的巨大力量。

雷锋在会议期间——8月3日的日记中写到:

我要坚决听党的话,一辈子跟着党走,认真贯彻党的方针政策,对党有利的话、有益的事,我要多说多做,对党不利的话、没益的事,我坚决不说不做。我要全心全意为人民服务,永生为伟大的共产主义事业奋斗。

雷锋参加完人民代表大会,回到部队作了汇报。不久,他听小朋友们说张大娘病了。便立刻请了假去看望老人家。他刚走到菜园旁,没想到老人正在摘青菜呢!雷锋不安的心情顿时变得踏实了。他远远地喊了声:

"大娘!"

张大娘一听到这熟悉的声音,立即放下了手中的菜篮子,迎着雷锋亲热地说:

"孩子,你开会回来啦。"

"是啊,大娘,您老的病好了吗?"

"好多了,孩子!你太挂念大娘了……"张大娘说着,眼圈湿润了。

雷锋扶着老人说:"您老的儿子,为保卫中朝人民的幸福,光荣地牺牲了,您就跟我的亲娘一样!"

老人用衣袖抹抹眼睛,笑了起来:"可就是呢,我见了你们穿军装的,就像见了我儿子那么亲,打心眼里乐。往后,衣服袜子穿破了,就拿来,大娘虽然老了,给你们缝缝补补还行。"

"大娘!我们都会补。"雷锋说着又拿起锄头,帮助大娘拾掇起绿油油的菜园来。

二十四、虚心听取意见

雷锋参加完抚顺市人民代表大会,回到连里就当了四班的班长。没过几天,发生了这样一件事:

一天下午,二排长通知四班派一辆车到浑河农场去拉菜。雷锋考虑到班里新调来的两名同志在家没有出车,就自己带他俩去,既不影响班里正常出车,又能完成临时拉菜任务。于是,他带上这两个同志开上13号车就出发了。

路上,汽车的电路出了点故障,修好以后赶到农场,天色已晚,农场的同志都吃过晚饭了。雷锋一边装菜一边想:两个新战友跑了这一路,午饭又吃得比较早,可能早饿了,等装完菜赶回连队吃晚饭,就太晚了,还要麻烦炊事班的同志。雷锋完全是出于对战友的关心,就找农场管理员联系了一下,农场的同志非常热情,听说他们没吃晚饭,立即就给准备好了。雷锋跑来喊两个战友去吃饭,可是他俩忙着装菜,硬是不去吃,说:

"天快黑了,车灯又坏了,赶快装完菜回连队再吃吧。"

"忙了一下午,你们不饿吗?"雷锋关切地说,"这里已经准备好了饭,吃完再走,也免得回连队再麻烦炊事班的同志。"

一个同志说:"麻烦自己总比麻烦别人强。"

另一个同志说:"班长,要吃你去吃吧,我们在这儿装菜……"

唉,你看这事搞的,吃饭,又不好下命令。雷锋实在没办法,只好再找农场管理员道歉，表示谢意。等他们装完车赶回连队，已经是晚上十点多了。

这件事，没等雷锋向排长汇报，二排长已经听到那两个同志反映说："咱们班长办事有点主观，到农场拉菜不找我们商量，麻烦人家给做饭，也不找我们商量。"

二排长是个很直爽的同志，听到了反映，就对雷锋讲：

"当好一个班长很不容易，今后办事要多和群众商量，注意工作方法，班里有人说你工作主观哩。"

"班里……"雷锋一听就知道是那两个新战友的反映，立即把拉菜吃饭的事向排长作了汇报，并诚恳地说："今天我当了班长，对于战士的反映和意见，丝毫不能轻视，一定克服缺点，做好工作。"

过些日子，新调来的虞连长也找雷锋谈话，句句打动了他的心："雷锋啊，火车头的力量很大，如果脱离了车厢，就起不到什么作用。一个人做工作，如果脱离了群众，就会一事无成……"

雷锋很重视连首长的教育，当天就把连长的话写进了自己的日记。他想：连长的话对呀，今后无论做什么，都要走群众路线，依靠群众，发动群众，团结群众，一道为我们的革命事业贡献力量。

二十五、勇闯险关

冬训中的一天,团部通知运输连派一个班,到铁岭山区去执行一次运输任务,并特别嘱咐说,那里山高路险,积雪很多,有些地方又没有公路,一定要派一个勇于克服困难,驾驶技术熟练的班去。经过党支部研究,决定把这个任务交给四班。

雷锋受领任务后,立即召集全班同志作了思想动员,认真检查了车辆,一再要求大家要齐心合力,克服困难,坚决完成这次任务。第二天早晨五点多钟,雷锋和小韩驾驶13号车在前边开道,03号、14号、15号……一辆接一辆,真像一列火车浩浩荡荡地出发了。

驶出郊外,路虽不平坦,总还是比较宽敞的。越往前走,路越难行。汽车在狭窄的、高低不平的山路上颠簸着。车队进入深山以后,一道江岔子挡住了他们的去路。这地方由于夏季洪水的冲刷,根本找不到能够行车的路了,到处是碗口大的乱石头和一人多高的苇草、树丛。别说汽车,看样子就是牛车也难以过去。

"班长,怎么办?"小韩有些焦急了。

"困难摆在面前,任务必须完成!"雷锋刹住车,跳下车来,迎着山野刺骨的寒风,穿过挂着冰雪的树丛,仔细地察看了周围的地形,根本找不到能够行车的路。怎么办?雷锋四下张望着、思索着,山凹处一座房屋顶上冒出的炊烟吸引了他。

"有办法了——要依靠群众!"雷锋脸上浮起了笑容,急忙朝那房屋奔去。

有位老乡迎出来说:"同志,你们这是……"

雷锋说:"我们想从江岔子过去,找不到路了。"

老乡说:"这里过不去。江岔子上段是干河套,牛车可以过去,汽车能不能过可不敢说。走,我给你探探路。"

经过实地查看,雷锋觉得可以从干河套上过去。同志们赶过来以后,经过进一步研究,雷锋决定自己先开车试一试,确有把握后,再让大家过。

雷锋发动了13号车,加大油门,沿着那位老乡在雪地上留下的脚印向前开去。汽车在乱石滩上颠簸得很厉害,车身摇摇晃晃。雷锋紧紧把握着方向盘,两眼注视着雪地上那一串脚印,不管车身多么颠簸摇摆,一直镇定沉着地往前开,终于闯过了干河套,通过了江岔子。

雷锋跳下车,上前紧紧握住老乡的手说:

"同志,谢谢,谢谢你呀!"

"嘿嘿,谢什么,赶快让后边的车过吧!"

雷锋指挥着后边的车队,终于顺利地通过了江岔子。

大家告别了老乡,13号车继续在前面开道,又一辆接一辆地前进了。没走多长时间,一段积着厚厚冰雪的山阴路,又出现在他们面前。雷锋全神贯注地把着方向盘,接连爬了几次都没有爬过去。大家跳下车来,眼看着班长开的车,车轮在冰坡上直打飞转,就是不动窝。雷锋想:过江岔子是依靠老乡指路过来的,爬这段冰坡也要依靠大家来解决。他把大家叫到身边说:

"同志们,三个臭皮匠顶个诸葛亮,困难再大也挡不住我们!只要大家出主意想办法,就没有克服不了的困难"。

大家听班长这么一说,就你一言我一语地议论开了。有的说把备用防滑链加上;有的建议把路上的冰刨掉;有的主张在冰坡上垫草往上开;也有的……

雷锋见天色渐晚,再不能耽搁时间,就说:

"我看大家想的办法都很好,咱们就这么干吧,怎么样?"

"行!"大家一致同意班长的意见。

雷锋一面分几个同志去搞苇草、加防滑链,一面从车上取下一把大镐,就在13号车前刨起冰来。

没过多久,大家弄来了十几捆苇草,垫到加了防滑链的车轮下。雷锋把刨出的冰碴往路外扬了扬,对小韩说:

"上车,试试看!"

小韩答应了一声,跟着雷锋跳上了13号车。

雷锋加大油门,一个猛冲,冲过了冰坡。接着,03号、14号、15号……都冲过来了。

在继续前进的道上,小韩说:"班长,说心里话,刚才过那段光溜溜的冰坡,我真以为过不来呢。"

雷锋两眼注视着前方,掌握着方向盘说:

"我们要前进,总免不了遇到各种困难。但是,我们不能被困难吓倒,只要大家团结一致,就没有克服不了的困难。"

小韩点了点头,打心眼里佩服自己的班长。

当车队经过一个小山村的时候,一辆马车在他们前面的路中央慢慢走着。两个赶车的人边走边谈,没有注意后边来了汽车。

小韩急着赶路,伸手就要按喇叭,立即被雷锋制止了。

小韩焦急地说:

"赶快超过去吧,天一黑,这路更难走啦!"

"超车惊了马怎么办?抢道超车的人都是想快,可是出了事故,快反而变慢了,这是多少人的教训呀!"雷锋说着,指了指贴在挡风玻璃上的一张写着"宁停一分,不抢一秒"的纸条,就把车停了下来。

　　这时,前边赶马车的人,发现了身后的汽车,连忙用鞭子往路旁赶牲口。因为路边结了冰,马一慌,两个前蹄直打滑。雷锋跳下车来,跑上前去帮助老乡推车。小韩见马车安全地让开了道,正在开车过去,不料一个小孩跑到路上来看汽车,雷锋转身把小孩抱起来站在一边,才叫小韩把车开动了。

　　小韩看着路边停下的马车和雷锋怀中抱着的孩子,再看看那张"宁停一分,不抢一秒"的纸条,思忖道:班长行车为什么从来没有出过事故?他驾驶技术熟练固然是一个重要原因,更重要的是他具有为革命、为人民开车的思想啊。

　　天渐渐黑了下来。当车队在茫茫山野中奔上又高又陡的盘山路以后,前面突然出现一个90度的急转弯。雷锋透过车窗一看,左面和正前方是很深的山谷,右面是高高耸立的山崖。盘山路又窄又滑,如果稍一不慎,就有撞崖、坠谷的危险。小韩开车虽然已有不少经验,但是,在这样的险路上开车,还是头一回呀!

　　"沉着,一定要沉着。"雷锋镇定地告诫着小韩,也告诫着自己。他把棉手套脱掉,在旁紧紧握住手闸,对小韩说:

　　"把车灯全打亮,你只管掌握好方向盘,一有险情我就拉闸。"

　　"好吧。"小韩立刻挂上低速挡起步,汽车在九十度转弯处慢慢移动着。他稳打方向盘,车身紧挨山崖,左后轮压着悬崖边滚动,终于安全地驶过了这段险路。

　　为了保证整个车队的安全,13号车越过这段险路就停了下来。雷锋跳下车,徒步返回,站在悬崖边上,指挥着每一辆车都安全地越过了这段最险的路。

月光下，远远看去，雷锋率领的车队，攀山越岭，蜿蜒蛇行，奔驰向前。

当他们战胜重重困难，圆满完成这次运输任务的时候，雷锋对"火车头"和"车厢"的关系，有了更深的体会。新调来的两名同志经过这次行车锻炼，深有感触地说："咱们以为雷锋班长办事主观，真是毫无根据啊！"

从此，全班同志更加齐心，更加团结了。

二十六、订措施保安全

1962年春天，雷锋带领全班同志和兄弟班的几个战友，远离连队，配属后勤器材处，单独到铁岭下石碑山区执行国防工程运输任务。

从抚顺驻地到铁岭下石碑山区，这条道路，就是雷锋上次带领全班车辆走过的那条极其艰险的路。在这条路上来往行车，载运各种工程器材，实在够艰难的了。

四班进驻山区以后的运输任务，多半要在这条路线上完成。为了确保全班行车安全，雷锋一到山区，仔细勘察了这条道路，并在笔记本上画了道路勘察符号和情况说明。

下石碑山到抚顺道路情况：

发车下石碑山，经过水沟一条，土包一个，直角弯一个，到上石碑山。经横道河，过水沟一条，经过一个急转弯，过水沟两条，到金花楼。过桥过水沟一条，过桥，经过山道弯急，过水沟，上大坡，到会源堡。拐直角弯一个，走山道(有急弯两个)，过木桥，到后兴安堡。拐急弯一个，过水沟，拐急弯，过木桥到前兴安堡。过木桥两座，拐急弯过桥，过小河，拐急弯，过土包到大马金庄。过桥两座，土包一个，到小马金庄。拐急弯，上抚顺，大岭，过水沟一条，到抚顺城。过铁道拐急弯，过交通警两个，经铁桥，走转盘，过交通警两个，到抚顺市(到火车站)。

为了行车安全,雷锋不仅让全班同志牢记这条道路的复杂情况,他们还共同研究制定了"四勤、三先、五不超、六不走、九慢"的安全措施。

四勤:1.勤检查,2.勤保养,3.勤督促,4.勤清洗。

会车三先:1.先慢,2.先让,3.先停。

五不超:1.不超速,2.不超载,3.不超高,4.不超长,5.不超宽。

六不走:1.行车文件不齐不走,2.车辆检查不好不走,3.油料不足不走,4.人员没坐好不走,5.操纵机械有故障不走,6.没有上级首长的指示不走。

九慢:1.转弯慢,2.交叉路口慢,3.坡道慢,4.人员多的地方慢,5.复杂气候慢,6.过铁道慢,7.道路不熟慢,8.桥梁渡口慢,9.错车慢。

这就是四班行车不出任何事故的"秘诀"。他们在山区行车共2万6千多公里,从未发生过任何事故。

二十七、宿营不扰民

他们在山区宿营的地方，是一个傍山临河的小山村，住有几十户人家。

雷锋他们刚到的那一天，村里乡亲们听说部队要驻在这里，家家户户无不主动地又腾房子又腾炕，非常热情，都争着要战士们住到自己家里去。

雷锋一见这里群众的穿戴和房屋的外表，就看出了这村子并不富裕，住房也不宽敞。于是，他叫大家先把背包放在村头，然后领着几个同志挨家挨户地走访查看，问寒问暖。他发现乡亲的住房多半是南北炕，有的两三代人住在一间屋里，的确是比较挤的，如果让同志们再住进去，势必给乡亲们增添困难，无论如何也不能这样做呀。

雷锋正在考虑这个问题，小于高高兴兴地跑来说：

"班长，走，住处已经安排好啦。"

"怎么安排的？"雷锋忙问。

"村头王大爷把一间最好的房子腾给了我们，非叫我们把背包搬进去不可！"

"你搬了？"

"搬了。"

进村时，雷锋见过王大爷，已经婉言谢绝了老人的一片心意，这刚一转身，怎么又……雷锋想：群众住房这样挤，王大爷一家七

八口人,一共才住了两间房,把那间好房子腾给我们,人家还怎么住?他招招手把全班同志叫到身边,说了说自己的想法:

"咱们宁肯住在外边,也不能给乡亲们带来不便和困难。"

小于说:"群众那么热情,腾了房子咱们不住,这好吗?"

雷锋说:"群众关怀咱们,咱们应当感谢。可是咱们更应该体贴群众的困难呀!"

战友们了解,在班长心中群众利益是高于一切的。可是,不住老乡家里,这山沟没遮没盖的,住什么呢?何况现在正是春寒季节,总不能住在露天地吧?

雷锋考虑了一下,立刻把大家带到村后山根前,按照战备要求,选了一处比较隐蔽的地方,经生产队同意后,叫大家先动手修车场。

"你们先把汽车的'住处'搞好,我去想办法解决大家的住宿问题。"

雷锋说罢,径直到后勤器材处的驻地去了。

后勤器材处的领导同志听了雷锋关于住房问题的汇报,表扬了他们关心群众生活的做法,立即批给他们一顶军用帐篷。

当天晚上,这顶帐篷就在新开的车场附近支了起来。大家说服了村头王大爷,高高兴兴地把背包搬进了新的住处。

他们的山区生活就这样开始了。

村里乡亲们指着这顶军用帐篷,经常对外村的人说:

"你看,我们村又多了一户人家,这些同志真是没比的。"

春耕大忙的季节到了,山村群众起早贪黑地在地里忙。雷锋带领全班战友,一面积极完成运输任务,一面抓紧点滴时间做好群众工作,或到地里干农活,或帮群众挑挑水、起起粪、扫扫院子。乡亲们从地里回来,发现水缸里挑满了水,屋里屋外打扫得干干净净,感动极了,纷纷夸奖雷锋他们是群众的贴心人。

二十八、鱼水情深

5月的山村，生气勃勃，到处都在犁田播种。一天，雷锋在车场保养完车辆，放下工具，手和脸都没顾得洗，就向地里跑去，对正在扶犁耕地的王大爷说：

"大爷，我想学学犁地可以吗？"

"光摆弄汽车就够你忙的了，还犁地干什么？"王大爷见他刚从车底下爬出来，满身油腻，满脸是汗，就说，"你赶紧给我歇着去，地里再忙，也用不着你。"

"您就让我学学吧！"雷锋边恳求边跟着王大爷的犁杖走，看怎样扶犁，怎样使牲口。连着跟了几条垄，还边看边请教。王大爷见他如此用心，便停下脚，将犁杖把手和牲口缰绳递到他手里说：

"想学，就试一试吧。"

别看雷锋在家乡干过农活，当过拖拉机手，可使用牲口犁地，就不在行了。牲口不听使唤，犁杖扶不稳，地耕得深浅不匀，还弯弯曲曲。但是，雷锋学得非常用心，又有王大爷在旁认真指点，一条垄耕到头，再返回来耕，就摸到一点门路了，地垄越耕越直，越耕越好。王大爷高兴地伸着大拇指称赞道：

"嗯，学得不赖，歇歇再干吧。"

"不累，不累。"雷锋抓着犁杖不撒手，一口气干了两个多小时，直到饲养员牵走牲口去喂料，他才放下了犁杖。

雷锋为什么学犁地?原来他每天开着汽车在山区里奔来跑去,看见到处都在春耕大忙,每次卸完车,总想为乡亲们做点什么。山沟里拖拉机还不多,他觉得用犁耕地这活比较难,很想在这上边搭把手,出把力。自从跟王大爷学会了犁地,他就时常抽空儿下地,不是在这个村犁上几小时,就是到那个村犁上几小时。

一天傍晚,雷锋和他的新助手小乔给施工部队运送给养回来,路过一傍山临河的小山村,汽车过河岔时陷入了淤泥,加大油门冲了几次没冲出来。雷锋找来石块垫车轮,指挥小乔开车冲,也没奏效。小乔沉不住气了:"班长,咋办?天黑了。"雷锋盯着陷进去的轮胎,想想说:"别急,我去找老乡借个撬杠来试试。"

就近的山村叫黑林子,雷锋匆匆赶去,顺脚进了村头一家土墙院。院内有位大娘伸展双臂正"哦哦"地哄赶鸡鸭进窝。

"大娘您好。"雷锋上前问候道。

大娘回身看见这个身量不高,脸儿圆圆,笑模笑样的解放军战士,觉得怪可亲的。听他说汽车陷在河沟了,想借根木杠子去撬撬车轱辘。瞧他那样子是怪急的,但老人一时又有点信不过他,就说:"天都黑了,我又不认识你,借给你用完了若不还,我可找谁去。"听这口气大娘家准有木杠,雷锋连忙解释说:"您老尽管放心,我保证用完了马上送还,弄坏了照价给您赔。您若有就借给我用一下吧!"他恳切的态度,亲切的模样,使老人无法不相信他的话。随即领他绕到房山头,这里果然堆放着好几根粗细不等的硬木杠子。雷锋拽出一根碗口粗一人多高的。"我就借这根了。"

"扛去吧,大娘信得过你。"

雷锋奔跑着扛回木杠子。"上车加油开!"他指挥小乔开车,自己在车下用木杠撬撬车轮,累得汗水渍渍冒,深陷的车轮终于滚出了污泥。雷锋擦把汗水,没等小乔停下车,扛起木杠子刚要走,不知何故，车突然熄火了。"怎么搞的？"雷锋丢下木杠，跑来用摇把发动几次没发动着，打开车盖检查，又没查出毛病。天色越来越黑，他们钻到车下检修，什么都看不见，没法动手。身边没带手电，没有火柴，打亮车灯也无济于事。小乔说："完了，今晚只好在山野露营了。""那不行！"雷锋从车底下爬出来，顾不得拍拍身上的泥土，又扛起那根木杠子对小乔说："你再仔细检查一下。我得赶紧把木杠子送回去，对老乡失了信可不好。"小乔说："那你快去快回，最好借盏灯来照照亮修车。"

"好吧。"雷锋应声而去。半路上他才注意到木杠子一端撬车时沾满了泥浆，黑糊糊地弄得很脏，心想这样送回去可不好，大娘会不高兴的。于是他又返回河沟旁，把木杠上的污泥洗刷干净，这才给大娘送去。

山村睡得早，家家静悄悄。幸好大娘家纸糊的窗口还透着亮。雷锋进院把木杠放回原处，转来敲敲窗棂："大娘没睡吧，木杠给您送回来了。我还想……"没等话说完，从屋里出来一个年轻小伙子，浓眉大眼的挺英俊。他见了雷锋竟像见了熟人似的："嘿，我当谁呢，原来是你呀——雷锋！"这突如其来的热情使雷锋糊涂了，"你是谁？怎么认识我？"那青年拉住雷锋的手说："去年我在学校听过你的报告，前些天在外村见你扶过犁，快到屋里坐，真是巧遇！"说着两人进了屋。

这是一间十分破的农舍。炕桌上放一盏玻璃罩油灯，灯芯捻得很亮，灯油已燃烧过半。桌旁坐着个梳小辫的女孩正在写作业。炕头上，大娘显然已铺被睡下，听见动静又披衣坐起。老人家一面咳嗽一面拍着炕沿让雷锋坐下。随便唠了几句家常，雷锋已知这家姓田，那青年是大娘的儿子叫小秋，念完初中回乡务农了。灯下写作业的女孩是小秋的妹妹小青，刚上初中。

"大娘,我还想借点东西。"雷锋盯着那盏灯,急着要走。

"借什么,说吧。"全家人几乎都张口了。

雷锋探头看一眼小青写的作业本,却不好张口了,"等小妹写完作业再说。"

"嗯?"那小妹好纳闷,抬起疑问的大眼睛:你借东西和我写作业有什么关系?

"我想借这盏灯……"

没等雷锋讲完为什么要借灯,小妹麻溜把作业本收了起来,小秋一把端过油灯塞到他手上,大娘又把一盒火柴递给他,说:

"拿去,可别误了事。"

"谢谢大娘,谢谢你们兄妹!"雷锋一口吹灭了灯,匆匆离开大娘家。小秋兄妹披起衣服要跟去帮忙,被雷锋拦住了,"你们明天一个要下田,一个要上学,赶快回屋休息。"

雷锋举着灯回来了。

这盏灯亮了,仿佛给山野之夜增添了一颗星星,它在两个战士手中闪来闪去,它帮助他们排除了汽车故障,他们熄灭了油灯……他们发动了汽车,连夜赶回了驻地。

翌日,田大娘早起一出屋,就瞧见窗台上放着自家那盏油灯和火柴,端过油灯看一眼,灯里的油装得满满的(汽油),老人不由得自言自语:"这个小雷呀……"

有一天,雷锋随施工部队到黑林子参加助民劳动。劳动间隙,特意来看望田大娘。田大娘听儿子讲过雷锋的一些情况,打心眼里喜欢他,见了面格外亲,话儿也特别多。当老人问到他家还有什么人时,勾起了雷锋辛酸的回忆。他向大娘诉说了自己一家人在旧社会的苦难遭遇,并把手背上那块伤疤指给大娘看。过了一会儿,他喝了口大娘为他倒的白开水,接着说:"现在好了,我这个孤儿又有了家,有了亲人。"

大娘一时没听明白:"不是说你就一个人吗?"

雷锋笑了:"大娘您想,部队不就是我的家,党和人民不就是我的亲人吗?"

田大娘有一颗慈母心。看着这个没有多少家庭温暖的孩子,不由得从心底产生了一种特殊的怜爱之情。老人拉着雷锋的手说:"小雷呀,你从小没家,若不嫌弃就把大娘家当你自己的家吧。"雷锋满脸堆笑地点点头。临别时,大娘嘱咐又嘱咐:"开车险着哪,可要小心别出事呀。闲的时候常来看看大娘。"

从此,不知怎的,雷锋真把大娘家当自己家了。他敬大娘,爱老人,用田大娘的话说:"胜过我的亲儿子,我儿子都没那么'孝心'的。"他一有机会就来家看望,又是嘘寒,又是问暖,每次见面都那么亲热,什么都关心。

那时候,经过三年困难时期,国家还没缓过元气,大娘一家也挨了些饿,大家都在节衣缩食。一次,雷锋出车路过田家门口,特意给大娘送来三个大包子,是白面羊肉馅的。他把包子塞到大娘手中说:"今天我们改善生活,这是我省下来的,给您尝尝。"田大娘问:"小雷呀,你吃饱了没有?还惦记着大娘我!"雷锋拍拍肚子说:"大娘您看我吃得饱饱的。"好长时间没吃过白面和荤腥的田大娘边吃边说:"真香,这回可解馋了。"雷锋笑眯眯地看着大娘吃了一个包子,才离开出车去了。还有几次,雷锋出车打这儿路过,给大娘送来一把饼干,说是他中午出车打尖吃剩的。田大娘怎么阻拦也没用,一定得收下。后来才知道,这饼干是雷锋用津贴费特意为大娘买来的。

有天晚上,部队看电影,附近十里八村的乡亲们都赶来了。夜色中,人们看到雷锋一手扶着大娘,一手打着手电筒照亮,也来了。电影开演后,他把自己的棉大衣披在大娘身上,边看边给大娘小声作讲解。乡亲们说,那亲热的劲儿,真像娘儿俩。看完电影,雷锋又把大娘送回家中。

一天下午,雷锋和小乔出车执行任务。车开到黑林子村头拐角处,开车的小乔看到一群鸭子在路中间,一按喇叭,鸭子跑开了,但有只小鸭子没躲及被轧死。雷锋立即叫停车。他下车拾起那只鸭子挨家挨户地询问是谁家的,问来问去,偏巧这鸭子是田大娘家养的。雷锋面带愧色,当着大娘面一个劲儿检讨,说要按价赔偿。田大娘哪里肯:"轧死只小鸭子算个啥。要说赔,别人还罢,要说你小雷,莫说轧死一只,就是把大娘家的鸭子都轧死了,我也不能收你一分钱。"

雷锋说:"那怎么行?您老知道,我们部队纪律严,损坏东西要赔,无论如何得按纪律办。"大娘生气道:"你不用给我讲纪律,反正你轧了我的鸭子不用赔。"

雷锋不容大娘分说,掏出两元钱就往老人手里塞,田大娘硬是不收。不收不行,雷锋把钱放在炕上,说声"大娘再见",拔腿就跑了。这时大娘撵出院外,雷锋已经跳上汽车走了。

过了些天,雷锋又来到大娘家。田大娘为那两元钱的事还在生气。雷锋坐在炕沿上耐心劝说了几句,终于把大娘说通了,说笑了。他便从挎包中拿出两个崭新的笔记本,一本送给大娘的小女儿小青。

小青接过本子乐得合不拢嘴。原来雷锋发现田家生活困难,平时很少有零用钱,小青上学用的作业本,每张纸都是两面用,字写得密密麻麻的。

雷锋很关心她的学习,把这事暗自装在心里。雷锋鼓励小青说:"小妹呀,学习上要有志气,再困难也要学下去。长大建设社会主义,为人民服务,没有文化,没有知识可不行啊!"

小青感激地说:"我知道。"田大娘的儿子小秋收工回来,见到雷锋来家串门,可高兴了。雷锋也送给他一个笔记本。

雷锋知道,小秋父亲去世早,家里生活负担重,念完初中没能升高中。雷锋没少劝他不要丢了学习,让他坚持自学。他对小秋说:"你我岁数相仿,都长在红旗下,也都具有初中文化,我当兵开车坚持学习,你回乡务农也要坚持学习,咱们都该学好知识,用好知识,提高本领,争取多为人民做点事。你们这儿山区条件不错,有山有水有林,把你学到的知识用到山区建设上,一定能做出贡献的。"

小秋默默地记住了雷锋这番话,经过不懈地自学,这个中学生后来成了一名出色的中学教师。

二十九、顾全大局

1962年夏天,东南沿海形势紧张,部队有所行动。雷锋写了一份到前方去的请战书,准备交给连首长。

正巧这天,雷锋因执行任务要回抚顺驻地。他怀着求战的急切心情,驾驶着汽车连夜从山区赶回了抚顺。到连队时,已经是凌晨一点多钟。他以为连首长和同志们都睡了,没想到连部的窗口还亮着灯光,咦,半夜三更的,连里在干什么?他想着,急忙把汽车开进了连队的车场。

夜色朦胧的车场上,也有一些同志在奔跑着、忙碌着。值班员见雷锋的13号车开进来了,跑着迎上去替他拉开驾驶室的门,热情地招呼说:

"四班长,听说你要回来,可没想到是在半夜里。"

雷锋背起放在车座上的冲锋枪,跳出驾驶室,甚至没顾得上回答值班员的话,张口就问:

"半夜三更的,连里在干什么?"

"你还没听说?"值班员指着车场南面说:"你看嘛!"

雷锋透过夜幕,隐约看见了那里停着一排崭新的卡车,车上全部盖着草绿色的伪装网。

"部队要行动!"雷锋脑子里闪过这个念头,感到十分振奋,拉住值班员就问:

"快告诉我,有什么新情况?"

"还没看出来吗?告诉你吧。"值班员指着那一排伪装了的汽车,带着点神秘的口气说:"昨天来的命令,咱们连这七台新车,要到前边去啦,这可是头等重要的任务!"

"是上前方吗?"雷锋摸了一下揣在怀中的请战书,兴奋得瞪大了眼睛,心说今天算回来得巧了!

值班员告诉他,上级决定抽调连里这七台新车和部分优秀驾驶员,连夜待命出发,准备配属兄弟部队到福建前线去执行任务。

"驾驶员都有谁,定没定?"

"你没见到连部还亮着灯?党支部正开会研究哩。"

"是吗?"雷锋急忙跑到连部,进屋就请求道:

"连长,批准我上前线吧!"

虞连长笑道:"你不是刚从山区前线回来吗?怎么又要求到前线去?"

"我要求到福建前线去!"雷锋说着掏出了他的请战书,递给虞连长,"连长,你应该了解我的心情啊!"

"你的心情,我们是了解的……"

原来支部已经根据前方工作的需要,确定了去福建前线的人员,但其中没有雷锋。虞连长看罢他的请战书,拍拍他的肩膀,劝他先回去休息,并提醒说:

"雷锋,你应该知道,咱们干工作要考虑全局。目前,社会情况很复杂,前方和后方都需要我们。"

要考虑全局……前方和后方都需要我们……雷锋体味着连长这些话的含意,没有进一步深说自己迫切要求上前线的心情,便默默地回到了宿舍。

营房里很静。雷锋躺在床上,却毫无睡意。他躺不住了,翻身起来,把他心爱的冲锋枪紧紧握在手中,不住地抚摸着,仿佛在说:枪啊,枪!你应该了解我的心情,从当兵那天起,我就时刻盼着上前线,像黄继光那样,做个冲锋陷阵的战士……可是,连长的话也在他脑子里翻腾着:社会情况很复杂……他忽然想起不久前遇到的一件事:

那是一天下午,雷锋在山区驻地正准备出车给施工部队送给养,汽车刚发动,远远看见从对面山上走来一个磨剪刀的人。雷锋慢速开车,只见那人东张西望,走近施工部队的驻地转来转去,鬼鬼祟祟地像在寻找什么,他在道旁放下磨刀凳,口里喊着"磨剪子菜刀",手里却拿着个小本子记下了什么。雷锋警惕地停下车,透过车窗远远看着他,只见他停了一会,收起小本子,扛起磨刀凳,溜进了村子。雷锋忙下车,悄悄跟进了村。听老乡反映,这个人边磨刀边说:"听说现在世道要变了,蒋介石要反攻大陆。"他还装作漫不经心的样子,打听村子里驻有多少军队,都干些什么……

雷锋心想:一个磨剪刀的,说这问那干什么?我是人民的保卫者,绝不能放走这个形迹可疑的人。

雷锋紧走两步,上下打量着他,盘问道:
"你从哪来?"
"河北。"
"干什么的?"
"磨剪刀的。"
"有什么证明?"
"没有。"
"你身上带了些什么东西?"
"有五六十元钱,一个记账本。"

"你把记账本拿出来看看!"

"记了几笔账,没什么看头。"

"怎么,不让看吗?"

那家伙有些慌张了,磨磨蹭蹭地掏出了小本子,递给了威严盯住他的雷锋。

雷锋翻开小本仔细一看,发现上面记了些数字,其中有些就是部队的番号和代号,旁边还记有国防施工的地名、村名。周围群众警觉了,也和雷锋一起盘问起来。那家伙编造了一些牛头不对马嘴的话,企图脱身。雷锋立刻向部队首长报告了情况,在群众的协助下,将那家伙扭送到当地公安机关。后来查明,这个"磨剪刀"的人,原来是个反革命分子。

雷锋想着想着,随着窗外透进的曙光,心里也豁亮了:对呀!当前社会上还有坏人,人民就不会得安宁,要保卫人民安居乐业,一个人民战士无论在前方和后方都一样战斗。

天亮后,他向虞连长汇报了自己夜里想过的问题。

"连长,我想通了,不论前方和后方都是我们的战场!"

"我知道你会想通的。"虞连长满意地说。

调往前方的七台车出发了。雷锋为这些战友送行以后,又斗志昂扬地回到了铁岭山区驻地。

三十、抵制庸俗节目

天黄昏时,从靠近河边的一个村子里传来一阵热闹的锣鼓声。小韩、小庞他们以为是生产队社员们在开文娱晚会,晚上没事,都想去看看。雷锋想,如果是社员们开的文娱晚会,让大家去看看,也是一个向群众学习的机会,还可以密切军民关系,便带领全班去了。大家到那里一看,来了个戏班子,演的竟是什么《王二姐思夫》、《马寡妇开店》之类的东西,表演十分荒诞庸俗,不堪入目。雷锋看了一会儿,实在看不下去,就很严肃地对身边的小庞说:

"走吧,这种节目,咱们最好不看。"

"真没意思。"

小庞跟着雷锋转身走了,接着,全班同志也都跟着回来了。大家表示今后再不看这种坏戏,还要向当地群众作好宣传,共同抵制这种坏戏的流传。

7月30日中午,雷锋接到团部设在山区的指挥所电话说,抚顺市望花区政府明天举行庆祝"八一"建军节大会,邀请驻军首长和英模人物参加并讲话。团里决定韩政委和雷锋前去参加,由雷锋代表全团指战员讲话。指挥所一位参谋在电话里简要地提示了一下庆祝建军节的讲话内容,让雷锋自己抓紧准备一个发言提纲,明天(31日)上午8点以前送韩政委审定,并同韩政委一起乘车赶回抚顺去参加庆祝大会。

时间很紧了,按理说,雷锋接这个通知,当天下午就该抓紧准备发言提纲,不能再出车了。但雷锋没有这样做,他照常驾驶13号车完成了当天下午的运输任务,只是在头脑里不断思考着明天的发言,应该先讲什么后讲什么,才能把全团指战员的心意表达出来。晚上回到班里,同战友们讲了这件事后,才开始写发言提纲。熄灯前,终于写完了,一共八页纸约2000多字。这时同志们已经躺下,他把写的内容念了一遍,征求大家意见,又作了些修改,才松了口气,躺下睡了。

挨着他睡的小于忽然想到,四班驻地离团部指挥所近30华里,团里要求班长明晨八点以前赶到,他可怎么走呢?步行要走3个小时,开车用不了30分钟就能到达。

"班长,明天你怎么走哇?"小于关切地问道。

雷锋想想说:"看情况吧,如果起来得早就步行去,起来得晚只好开车去了。"

班里同志都很关心班长,人人都说13号车明天闲着也是闲着,劝他一定要开车去。

"好吧,我开车去。"雷锋熄了灯说:"大家累一天了,都赶快睡吧。"

大家睡入梦乡以后,天下雨了。

雷锋心中有事,一宿没睡安稳。后半夜三点多钟,他就悄悄爬了起来,揣好发言提纲,又用手电照着给班里写了一张纸条,放在小于的枕边,然后披起一件雨衣,就顶雨走了。

天蒙蒙亮时,小于一睁眼见班长已不在身边,发现纸条拿起一看,马上把大家叫醒了,说:"看,班长已经走了!我给你们念念他留下的这张纸条:'大雨催我起得早,为了节省油料,我没动13号,发动了11号……'"

"班长啊，班长！"大家感动得不知说什么好，只是不约而同地又想起雷锋近来经常讲的一句话：一个战士不论在前方和后方都应该以战斗的姿态来完成党和人民交给的一切任务。

这时，雷锋已冒雨赶到团部指挥所，请韩政委看了他的发言提纲，便一起出发了。

三十一、让荣誉律身

雷锋入伍以来,记过二等功一次,三等功两次,受团营嘉奖多次。先后被评为学习毛泽东著作积极分子,艰苦奋斗的节约标兵,少先队优秀辅导员,模范共青团员、共产党员。当选为主席团成员。他的照片、日记和模范事迹,通过报纸、电台作了广泛宣传……

雷锋真是荣誉满身啊,但是,党和人民给他的荣誉越多,他越是严以律己,感到自己对党对人民的贡献太少。从不满足,从不骄傲。

雷锋一贯谦虚谨慎的优秀品质,给四班的战友们留下了极为深刻的印象。大家怎会忘记,1961年冬训总结的时候,李连长在军人大会上表扬了四班副班长小周和班里几个战士,说他们干劲大,进步快,冬训成绩突出,讲了不少优点,可是对班长雷锋却只字没提。班里的同志都感到奇怪:雷锋班长在训练中,处处以身作则,带领全班摸爬滚打,各项工作都干在前头,政治、技术考核成绩也比别人突出,连里为什么不表扬他?后来大家才知道,原来是雷锋向连里汇报冬训工作时,主动提出表扬副班长小周和班里其他几个同志的,而他却作了自我批评,说他外出多,班里工作他抓得不够;说同志们积极性高,如果自己能把大家的积极性进一步调动起来,四班的工作会做得更好些,成绩会更大些。

雷锋在连队如此,离开连队也如此。

1962年2月间,他以特邀代表的身份,出席了沈阳部队首届共青团员代表会议,并被选为主席团成员。出席会议的许多共青团员代表都了解雷锋事迹,有的还把见过报的《雷锋日记》抄在自己的笔记本上,用以鞭策自己进步。因此,会议期间,主动找他交谈的同志特别多。这个让他签名,那个找他合影,都一再表示要向他学习。每当遇到这种情况时,雷锋总是谦虚地说:

"我是来向同志们学习的。我还做得不够哇。"

代表们亲眼看到,在会议过程中,雷锋总是聚精会神地听取每位代表的发言,认真看文化,做笔记,还经常找代表们谈心,互相帮助,虚心求教。开会时,他是主席团成员,一回到招待所他又成了大家的服务员和炊事员。他每天起得很早,抢着帮服务员擦地板、刷厕所、倒痰盂、扫走廊,开饭时,又不声不响地帮助炊事员端饭、送菜……

代表们和招待所的同志看到雷锋这样勤勤恳恳、谦虚谨慎,都很受感动。但是,团代会结束的时候,他还一再征求代表和服务员同志对他有什么意见。大家提不出意见,他就在日记中写下这样一段话,以告诫自己:

骄傲的人,其实是无知的人。他不知道自己能吃几碗干饭,他不懂得自己只是沧海之一粟……这有什么值得骄傲的呢?

我要不断地加强学习,提高自己的思想觉悟,经常开展批评与自我批评,随时清除思想上的毛病,在伟大的革命事业中做一个永不生锈的螺丝钉。

在军区开完共青团代表会议,雷锋返回连队汇报。那天早饭前,他主动到炊事班给同志们打饭,发现饭盆里放了些刚出锅焦黄的大米锅巴,便随手拿了一块放在嘴里嚼起来,真是又酥又脆。炊事员小刘见雷锋拿了锅巴吃,就半真半假地说了句:"雷锋同志,自觉点啊!"

雷锋脸上顿时感到火辣辣的,心想吃块锅巴算什么,也值得这样!他哼了一声,一赌气把手里的锅巴扔回了饭盆,转身走出了伙房。

雷锋是连队的读报员,开饭时他给大家读报,竟读到毛主席这样一段话:"因为我们是为人民服务的,所以,我们如果有缺点,就不怕别人批评指出。不论是什么人,谁向我们指出都行。只要你说得对,我们就改正……"仿佛这些话就是针对他讲的。他后悔不该听了一句不顺耳的话就赌气。再说小刘的话也是对的,如果每个去打饭的人都不自觉,都在伙房里乱抓乱拿,那还像话吗?他暗自责备自己:"雷锋啊,雷锋!你太不虚心啦,人家只批评了你一句,你就受不了啦……"想到这里,他立即放下报纸又来到炊事班,诚恳地承认自己拿锅巴吃不对,承认自己接受批评的态度不好,向小刘同志道了歉。小刘没想到雷锋这么认真,听到他诚诚恳恳的自我批评,自己十分感动,拉着雷锋的手有些不好意思地说:

"四班长,你对自己要求这样严格,真值得我们学习!"

雷锋回到铁岭山区,又发生了这样一件事:四班驻地生产队的妇女队长、团支部书记是个各方面表现都很好的姑娘,由于久慕雷锋的名字,渐渐地产生了爱慕之心,设法和雷锋接近,还想让母亲找人给提提亲事。

雷锋一心扑在工作上,整天驾驶着汽车东跑西颠,又经常外出开会,对于这位姑娘的心事他压根不知道。

一次,高指导员到山区来看望大家,单独找雷锋谈了一次话。高指导员充分肯定了他带领全班在山区单独执勤中,任务完成得出色,同时希望他在生活作风方面更谨慎,更检点些。雷锋觉得指导员的话里有话,便问道:

"我在生活作风方面有不够谨慎,不够检点的地方吗?"

"我只是听到别人反映,"高指导员试探地问,"听说这个村的妇女队长和你谈恋爱,有这回事吗?"

"这……"雷锋一愣,感到莫名其妙,不知从何谈起。

不错,他和这位妇女队长是有过一些接触,那只是因为大家住在一个村子里。为了搞好军民关系,每次见了面,总要打打招呼,说说话,他对全村男女老幼都是如此嘛。这就是"谈恋爱"?真是没影儿的事。但他知道,他虽然这个问题是不存在的,高指导员找他谈这个问题,完全是出于对他的关心和爱护。

"指导员,你放心吧!"雷锋没有解释什么,只是说:"领导上信任我,让我带领全班在这里执勤,请组织上考验我,我是不会做出违犯组织纪律的事的。"

但高指导员这次谈话使雷锋的心很不平静。他想,自己还很年轻,应该集中精力好好学习,好好工作,更好地为人民服务。自从参加工作以来,确实有些女友爱慕过自己,黄丽、小易……但自己总觉得不能过早地分这份心。现在竟有人向指导员反映自己谈恋爱,这完全是误解,完全是捕风捉影的事。是谁反映的,不用管它了。自己是个共产党员,对于别人的反映和批评,是不能不重视的,哪怕只有百分之零点几可取,也要虚心对待。指导员要求自己在这方面更谨慎、更检点一些,这是对的,应该引以为戒。但"没做亏心事,不怕鬼叫门",自己没有这回事,就不怕别人说。

雷锋把这些想法写进了日记,告诫自己"有则改之,无则加勉。"雷锋经常收到来自全国各地的热情赞扬他、鼓励他的信。到底收到了多少封,他自己没有数,别人也没有统计。据连部文书说,前后总有二百来封了吧。文书每次从政治处取回一叠叠寄给雷锋的信后,总是满面笑容地把这些信送到雷锋手里。一次,雷

锋刚从山区回到连队,文书又拿着一沓信,兴致勃勃地对他说:

"四班长,你看!这些信皮上,有的没写运输连,有的是报社转来的,有的只写'雷锋'两个字,全都给你邮来了。不简单啊,同志!"

"有什么不简单的,我不过是一个普通的战士。"

雷锋细心翻看着这些充满着赞扬和鼓励的信,越看越感到不安。他在给这些同志的回信中,反复写下这样的一些话:

我的一切都是党给的,光荣应该归于党,归于热情帮助我的同志们。至于我个人所做的工作,那是太少太少了。我这么一点点贡献,比起党对我的要求和期望还是很不够的……

一切归功于党,这是雷锋一贯谦虚谨慎的思想基础。运输连的党员同志都了解,雷锋具有坚定的党的观念,无论何时何地都用党员标准严格要求自己,认真履行党员的权利和义务。他入党以后,不论在任何情况下,都没有迟缴过一次党费,没有虚度过一个党日。

雷锋常说:"党费,这不是普普通通的钱,这是衡量共产党员观念的一个标志。"雷锋入党后,总共度过了91个党日,每一个党日他都不让它白白度过。有的党日,他远离党组织,单车执勤,他就在驾驶室里学习有关党的建设的著述;有的党日,逢上执行紧急任务外出,他就回来补课;有些党日,他又是从山区赶回连队过的。

雷锋在山区执行任务期间,他的组织关系已暂时到了后勤器材处支部。按说,只要参加那里的组织生活就行了。但是,一次雷锋驾驶的13号车到了保养期,后勤领导给他3天时间,要他星期五、星期六两天回连队去保养车辆,星期日洗澡休息。雷锋回到连队,自动把这个安排调整了一下:星期六参加连队党日活动,星期日保养车辆。连里的党员同志劝他说:"雷锋,看你忙的,难得回来洗个澡,连里的党日活动你就别参加了。"

雷锋说:"洗澡晚两天不要紧,在连里过个党日,这可是难得的啊!"这一天,他不仅在连里过了党日,向支部书记汇报了全班同志的工作和思想情况,并且提出了如何加强思想政治工作,发挥党员的模范作用,把党支部建设成为坚强的战斗堡垒的建议。

雷锋同志不愧是个用马列主义、毛泽东思想武装起来的朝气蓬勃的共产党员。

三十二、永生的战士

1962年8月15日,这真是一个不幸的日子。

这天上午八九点钟,细雨霏霏。雷锋和他的助手,驾驶着汽车,执行勤务回来。到了驻地,他跳下汽车,就马上招呼助手,把车开到另一个空地上去,准备把车身上和轮胎上的泥泞洗净。

他的助手跳上驾驶座,拉了操纵杆,转动了方向盘。车摇摆着,吼叫着,向后倒去。他在旁边摇着手臂指挥着:"向左转,向左转,倒!倒……"

但是,地上积满了水,路面十分滑,车一拐弯,左后轮突然滑进了路边的小沟,车身猛一摇晃,碰倒了一根连队战士们用来晒衣服的方木杆子。雷锋正在全神贯注地指挥着倒车,没有注意,倒下来的一根粗木桩正砸在他的头上。他扑倒在地,立时昏迷过去了……

副连长亲自驾驶着汽车,开足了马力,飞一样从抚顺直奔沈阳,请来了沈阳技术最高的医生抢救雷锋。

但是,当医生赶到部队时,雷锋的大脑已经溢血,尽管经过了大力抢救,他却再也听不见连长焦急的呼唤,听不见助手悲痛的哭声,听不见所有战友难以控制的呜咽——他,停止了呼吸。

雷锋——劳动人民的好儿子,中国共产党的优秀党员,我们亲爱的战友,年仅22岁,就和我们永别了!

不幸的消息,传到了雷锋担任辅导员的两所小学校,小朋友们被惊呆了,谁都不肯相信,谁都不愿意相信——这怎么可能呢?当他们一群群地跑到运输连来,确信再也见不到雷锋叔叔了,一个个都无比痛心地哭了。从此,他们失去一位亲爱的辅导员,失去了一位衷心热爱他们的解放军叔叔!

烈属张大娘在菜园旁,听到雷锋牺牲的消息,真比失去了亲生儿子还悲痛。老人流着泪,不住地向人们叙说雷锋对她的深情厚谊。她叫刚刚上学的小孙女把一大张白纸铺在桌上,要把自己的心里话亲手写成悼词来悼念雷锋。老人识字不多,只好先用彩色粉笔在白纸上一字一泪地打下底稿,不会写的字就问小孙女,写了改,改了写,整整用了一个晚上才打好底稿。接着,老人用墨笔一个字一个字地描出来。写好以后,她念给小孙女听,觉得还没有表达自己的心意,又在旁边竖着写了一行字:

"雷锋和我的儿子是一样的,我也要学习雷锋。"

小孙女领着老人来到了部队……

团党委连夜开会,讨论治丧事宜,第二天,向上级党委报告了雷锋因公牺牲的情况。

第三天,在抚顺市望花区政府礼堂举行了隆重的追悼会。上级领导机关和当地党政军民学校送来的花圈数以百计。前来参加追悼会的人络绎不绝。礼堂内容纳不下,只好在礼堂外临地安装了扩音喇叭……

追悼会开完了,街头上还簇拥着成千上万的人民群众,其中有工人、农民、战士、学生,有机关干部,有医院的伤病员,也有家庭妇女,有白发苍苍的老人,还有许多未上学的儿童。他们自动戴上黑纱或白花,怀着沉痛悼念的心情,护送着雷锋同志的灵柩向烈士陵园走去……

雷锋虽然离开了我们,但是他的精神是永生的。

他短暂的一生,闪烁着夺目的共产主义光芒。他在日常生活中,处处表现了高尚品质。他把"专门利人,毫不利己"看作是一个人最大的幸福和快乐。在平凡的劳动中,处处表现了英雄本色。

在农业战线上,雷锋是治水模范,是优秀的拖拉机手。

在工业战线上,雷锋三次被评为车间的先进生产者,十八次被评为标兵,五次被评为红旗手,三次被评为节约能手,一次被授予"提前53天飞跨1960年社会主义建设积极分子",还有一次,被评为优秀业余教师。

在人民军队里,雷锋立过一次二等奖,两次三等功,被评为节约标兵,得到"模范共青团员"称号,被选为抚顺市人民代表。他所领导的班,两年来一直是先进集体。

雷锋真正做到了:生为人民生,死为人民死,做劳动人民的好儿子。雷锋的一生是光辉的。

我们敬爱的毛主席,向我们发出了"向雷锋同志学习"的号召。

全国少年儿童纷纷表示,一定要学习雷锋的高贵品质,无论在学习中,在日常生活里,都要"天天向上",时刻准备着,做共产主义接班人。

雷锋日记选

一、青春呵!

　　自从由鞍山转到弓长岭以来,自己就抱定决心:一定要很好地工作、学习,争取加入中国共产党。对各种学习任务都能认真完成;自学较好,每天早晨学习1小时,晚上总是要自学到深夜10点到11点钟。早晨坚持做早操,没有违犯过法律,都能按规定去做。今后,我应当继续加强组织纪律性,向违法乱纪作斗争,严守纪律,听从指挥,做好机器检查和保养,保证安全,消灭事故。努力学习政治,开展思想斗争和批评与自我批评,加强团结,虚心学习。

——1959年8月26日

　　青春呵!永远是美好的,可是真正的青春,只属于这些永远力争上游的人,永远忘我劳动的人,永远谦虚的人。

——1959年10月25日

　　向市劳动模范张秀云学习。首先学习她高度的主人翁责任感,对党对社会主义建设事业的赤胆忠心;学习张秀云同志积极主动、帮助别人、大公无私、舍己为人的共产主义思想和团结群众的优良作风；学习她坚持向群众学习、不断充实自己、谦逊好学的精神。

——1959年11月2日

一个人出生在世界上以后，除了早夭的以外，总要活上几十年。每个人从成年一直到停止呼吸的几十年的生活，就构成各人自己的历史。至于各人自己的历史画面上所涂的颜色是白的、灰的、粉红的或者鲜红的，虽然客观因素起一定作用，但主观因素起决定性的作用，每个人每时每刻都在写自己的历史，每个共产党员和共青团员时时刻刻都要以马克思列宁主义、毛泽东思想来作你自己的思想行动的指导，真正做到言行一致，我要永远保持自己历史鲜红的颜色。

——1959年12月12日

今天我生长在幸福的毛泽东时代，处处感到温暖，祖国到处都有我慈祥的母亲——伟大的中国共产党对我无微不至的关怀和教育。我这一点点贡献比起党对我的要求和期望还做的很不够。我决心听党的话，好好学习，忘我地工作，积极参加劳动，奋发图强，勤俭建设社会主义。

熟练手中武器，学好军事技术，时刻准备着，当党需要我，我一定挺身而出，不怕牺牲和一切困难，永远忠于党，忠于人民。继承长辈优良的革命传统，为保卫社会主义建设，为保卫世界和平，我要把自己可爱的青春献给祖国最壮丽的事业，做一个真正的共产主义战士……

——1960年11月

一个革命者，当他一进入革命的行列的时候，首先要确定坚定不移的革命人生观。树立这样的人生观，就必须注意培养自己的思想道德品质，处处为党的利益、为人民的利益着想，具有大公无私、舍己为人的风格，能够为党的利益、为集体利益不惜牺牲自己的利益，否则就是个人主义者……

——1960年12月8日

　　什么是时代的美？战士那褪了色的、补了补丁的黄军装是最美的，工人那一身油渍斑斑的蓝工装是最美的，农民那一双粗壮的、满是厚茧的手是最美的。劳动人民那被烈日晒得黝黑的脸是最美的，粗犷雄壮的劳动号子是最美的声音，为社会主义建设孜孜不倦地工作的人的灵魂是最美的。这一切构成了我们时代的美。如果谁认为这并不美，那他就不懂我们的时代。

——1961年3月16日

　　我决心好好学习，好好工作，练好身体，把自己锻炼成一个毛主席的好战士，决不辜负党对我们青年的期望。

——《毛主席在苏联的言论》第14、第15页书眉笔记

　　……愿你的青春像鲜花一样，在祖国的土地上散发芬芳，"伟大的理想产生于伟大的毅力"，请你记住这两句话，祝你在平凡的工作上，锻炼成为一个真正的共产主义战士。

——1958年11月1日

二、为谁活着，怎样做人

我出身于贫苦家庭，在旧社会过着缺衣少吃的苦日子，那种被奴役、被欺凌的仇恨，使我永远铭记在心。

——1960 年 1 月

我出生在一个很贫穷的农民家庭，在旧社会里受尽了折磨和痛苦。参军以后，我在党的培养教育下，深深懂得了社会主义的今天是由无数革命先烈和战友的艰苦奋斗、英勇牺牲得来的。从我参加革命那天起，就时刻准备着为了党和阶级的最高利益牺牲个人的一切，直至最宝贵的生命。

——1960 年 2 月 8 日

"为着阶级和民族的解放，为着党的事业的成功，我不怕饥饿，不怕寒冷，不怕危险，不怕困难。屈辱，痛苦，一切难于忍受的生活，我都能忍受下去！这些都不能丝毫动摇我的决心，相反的，是更加磨炼我的意志！我能舍弃一切，但是不能舍弃党，舍弃阶级，舍弃革命事业。"

永垂不朽的革命烈士——方志敏同志是我永远学习的榜样。我出生在一个很贫穷的农民家庭，在旧社会受尽了折磨和痛苦，在慈祥的母亲中国共产党的不断哺育和教导下，居然成为一个国防军战士，光荣的共产党员，我要时刻准备着为党和阶级的最高利益，牺牲个人的一切，直至生命。

——1960 年 12 月 27 日

凡是脑子里只有人民、没有自己的人，就一定能得到崇高的荣誉和威信。反之，如果脑子里只有个人、没有人民的人，他们迟早会被人民唾弃。

——1961年3月

当你在最困难、最危险、甚至威胁自己生命时，也能严格地遵守纪律，那就是好党员。我要做一个名副其实的好党员。

——1961年4月

冯健姐姐，我永远向你学习，为共产主义奋斗终生。

——1961年6月4日

人生总有一死，有的轻如鸿毛，有的却重如泰山。我觉得一个革命者活着就应该把毕生精力和整个生命为人类解放事业——共产主义全部献出。我活着，只有一个目的，就是做一个对人民有用的人。

当祖国和人民处在最危急的关头，我就挺身而出，不怕牺牲。生为人民生，死为人民死。

——1961年10月3日

今天我在报纸上看了一篇文章，其中鲁迅的两句诗对我教育很深。我坚决要按照鲁迅的那两句诗去做：

"横眉冷对千夫指，俯首甘为孺子牛。"

对敌人要狠，要像严冬一样残酷无情；对党、对人民要忠诚老实，永远忠于党，忠于人民……

——1961年10月8日

我学习了《毛泽东选集》一、二、三、四卷以后,感受最深的是,懂得了怎样做人,为谁活着……

　　我觉得要使自己活着,就是为了使别人过得更美好。

　　我要以黄继光、董存瑞、方志敏等同志为榜样,做一个热爱祖国、热爱人民,永远忠于党、忠于人民革命事业的人。

——1961年11月26日

　　在最困难、最艰苦的工作中,我就想起了黄继光,浑身就有了力量,信心百倍,意志更坚强……

　　我每次外出执行任务或在最复杂的环境中,就想起了邱少云,就能严格的要求自己,很好地遵守纪律。

　　每当我得到福利和享受的时候,就想起白求恩,就先人后己,把享受让给别人。

　　当个人利益与国家、党和人民的利益发生矛盾的时候,我就想起了过去家破人亡、受苦受难的苦日子,就感到党的恩情永远报答不完。

——1962年1月14日

　　要树立4个观念:
　　1.政策观念。
　　2.集体观念。
　　3.战备观念。
　　4.劳动观念。

——1962年2月

　　我觉得一个革命者就应该把革命利益放在第一位,为党的事业贡献出自己的一切,这才是最幸福的。

——1962年2月10日

你崇高的行为就是献身于为人民服务，为自己的祖国效忠，为崇高的共产主义理想立功。

——1962年3月

我是党的儿子，人民的勤务员。我走到哪里，哪里就是我的家，我就在哪里工作。

——1962年3月16日

有人说：人生在世，吃好、穿好、玩好是最幸福的。

我觉得人生在世，只有勤劳，发奋图强，用自己的双手创造财富，为人类的解放事业——共产主义贡献自己的一切，这才是最幸福的。

——1962年4月4日

……万恶的旧社会，把穷人逼成鬼。凶恶的三大敌人，害得人民妻离子散，家破人亡。暗无天日的旧社会是个吃人的旧社会，它吃掉了我一家人。不！它吃掉了千千万万的穷人。"万人坑"、"白骨塔"，就是旧社会吃人的证据。这一点，我过去还不是很了解。通过学习，我明确地认识到了，过去穷人的苦，不是一个人或两个人的苦，也不是一家或两家人的苦，而是天下穷人的苦，是整个阶级的苦……

我们要想永不受苦，永远过幸福美满的生活，就要革命到底，彻底消灭帝国主义和一切反动派。这是我从自己的亲身经历中深深体会到的。同时，也是党经常教导的。

万恶的帝国主义和一切反动派是不会甘心死亡的，还要进行最后的垂死挣扎……我坚决反对敌人的阴谋破坏活动；我坚决要用自己满腔沸腾的热血,像黄继光那样保卫祖国,保卫世界和平。伟大的党,请批准我上前线吧!我坚决要杀敌报仇,我坚决要为人类的彻底解放事业贡献自己的一切,直至生命。

我认为,一个革命者,要树立牢固的集体主义思想,时刻都要把集体利益放在第一位。同时还要坚决打消个人主义,因为个人主义对革命不利,对集体有损害。个人主义好比大海中的孤舟,遇到风浪,要翻的。

——1962年6月30日

我今天听一位同志对另一位同志说:"人活着就是为了吃饭……"我觉得这种说法不对,我们吃饭是为了活着,可活着不是为了吃饭。我活着是为了全心全意为人民服务,是为人类的解放事业——共产主义而斗争。

——1962年8月6日

当我看到战斗英雄董存瑞英勇炸碉堡的时候,我感动得流出了热泪,决心向他学习。课后回来,找到一本《解放军画报》翻着看,看到了战斗英雄黄继光的遗像,我把他剪下来贴在自己的日记本上,每天写日记,我要先看看他,想想他。参军第一堂政治课给了我多么大的教育和鼓舞!

——1960年9月

"有一种人的手特别长,很会替自己打算,至于别人的利益和全党的利益,那是不大关心的。'我的就是我的,你的还是我的'。这种人闹什么呢?闹名誉,闹地位,闹出风头。"——没出息。

——《整顿党的作风》《毛泽东选集》

第三卷第 813 书眉笔记

一个革命战士必须具有把一切献身于无产阶级革命事业的崇高理想。

不但要有好的思想,而且还要有高超的技术,才能更好地为人民服务。

文章的结尾告诉了我们要做一个什么样的人。

我活着就要做一个对人民有用的人。

——《纪念白求恩》《毛泽东著作选读》

第 33 页书眉笔记

无数革命先烈为了人民的利益牺牲了他们的生命,给我们换来了幸福。今天,我们没有理由不好好工作和学习,没有理由不改正缺点和错误,没有理由只顾自己不顾集体,没有理由只顾个人眼前利益,而忘记了整个无产阶级的最大利益。

——《全党团结起来,为实现党的任务而斗争》

《毛泽东著作选读》第 51、第 52 页书眉笔记

赠给敬爱的老英雄,您是我永远学习的榜样,我请您多多教育,并使我不断前进。

——1961 年 2 月 3 日

我一定永远听党的话,听毛主席的话,听首长的话,永远忠于党,忠于人民,做毛主席的好战士!

——1961 年 11 月 22 日

我觉得,一个革命者活着就应该把自己的毕生精力和整个生命为人类的解放事业——共产主义全部献出。

——1962年2月24日

三、粮食·武器·方向盘

我学习了毛主席著作以后,懂得了不少道理,脑子里一豁亮,越干越有劲,总觉得这股劲儿永远也使不完。

我为群众尽了一点自己应尽的义务,党却给了我极大的荣誉,去年被评为先进生产者,并出席了鞍山市青年建设积极分子大会。这完全是由于党的培养,是由于毛主席思想给了我无穷的力量,是由于广大群众支持的结果。我要永远地记住:

"一滴水只有放进大海里才能永远不干,一个人只有当他把自己和集体事业融合一起的时候才能有力量。"

"力量从团结来,智慧从劳动来。""行动从思想来,荣誉从集体来。"

我要永远戒骄戒躁,不断前进。

——1960年3月

(一)学习毛主席的立场、观点、方法。

(二)学习毛主席的著作要分析当时历史背景。

1.分析每篇文章对当时革命运动起了什么作用。

2.主席为什么分析这个问题。

3.主席在文章中提出几个什么观点。

4.主席的方法论是什么。

5.联系个人写心得体会。

——1960 年 11 月

看问题不仅要看现象,还要从现象中抓住本质。有人说南方的地主剥削农民轻些,农民受的苦浅些,北方的地主狠些,剥削农民重些,农民受的苦深一些,这都是不正确的。张三地主是阎王,李四地主是笑面虎,这绝不能说张三地主不好,李四地主好些。天下的乌鸦一般黑。

——1961 年 1 月 24 日

今天我没去看剧,在家学习毛主席著作。毛主席教导我们说:"关心党和群众比关心个人为重,关心他人比关心自己为重。"毛主席的这些话,深深地教育了我,使我的心豁然的明亮了。我领到连部发给我的一斤苹果。怎么也舍不得吃,用自己心爱的手绢包了起来,放进了挎包里,心想来了客人给他们。今天,学习了毛主席著作后,思想变得开朗了,想起了医院里的伤病员同志,他们在新年佳节的时候,是多么需要人去安慰啊!我是人民的子弟兵,应该去好好慰问那些伤病员同志。把自己领到的一点点吃的东西送给伤病员吃,不是更有意义吗?下午 3 点钟,我拿着一斤苹果,连同自己写好的一封慰问信送给了抚顺市望花区职工西部医院。

——1961 年 2 月 16 日

今天我学习了毛著,主席有一段话,对我的教育最深刻,启发最大。

毛主席说:"紧紧地和中国人民站在一起,全心全意地为人民服务，这就是这个军队的唯一宗旨。"我是人民的子弟兵，一定要永远牢记党和毛主席的教导，无论什么时候，都要关怀爱护人民群众的利益，为人民群众的利益而战斗不息。

我们的党、政府和全国人民对革命军人的关怀和照顾，是无微不至的。作为一个革命战士的我，是多么的自豪啊！但是我不能骄傲。一定牢牢记住党和人民对我的委托，努力学习，积极工作，勇敢战斗，保持和发扬人民军队的优良传统。

——1961年3月3日

毛主席著作对我来说好比粮食和武器，好比汽车上的方向盘。人不吃饭不行，打仗没有武器不行，开车没有方向盘不行，干革命不学习毛主席著作不行！

——1961年4月

毛主席写的《纪念白求恩》这篇文章，我早已读过，并为他的国际主义精神和共产主义精神感动得流出了热泪，对我的教育和启发特别之大。他那种毫不利己、专门利人的精神，鼓舞和鞭策了我的进步，使我取得的收获不小。

今天副指导员又给我们上了这一课，我又反复地看了数遍，所受教育更为深刻。白求恩同志对待自己本行业务是那样刻苦地钻研，精益求精，为人类的解放事业献出了毕生精力和整个生命。可是我呢？为党、为人民又做了一些什么呢？对照起来，我感到万分惭愧和渺小。拿自己的技术学习来说，还不是那么刻苦钻研的，学得也不够深透。但是我相信，只要再加一把油，勤学苦练，虚心学习，是一定能把汽车开好的……一旦帝国主义发动侵略战争，我们就彻底、干净、全部地把它们歼灭。

通过这篇文章的学习,使我更深刻地认识到:一个人活着,就应该像白求恩同志那样,把自己的毕生精力和整个生命为人类的解放事业——共产主义全部献出。我要永远站在无产阶级的立场上,永远忠于党、忠于人民、忠于保卫祖国和世界和平的伟大事业,做一个真正的共产主义革命战士。

——1961年9月22日

今天是国庆节,我格外的高兴。在这伟大的节日里,我加倍地惦记着英明的领袖——毛主席。

敬爱的毛主席呀!毛主席,我天天想,月月盼,总想见到您……可现在我还差得很远,没有做出什么成绩,对人民没有多大贡献。但是我有决心听您老人家的话,永远站在无产阶级的立场上,我要像松树那样,不怕风吹雨打,严寒冷雪,四季常青;我要像柳树一样,插到哪里就活,紧紧与人民连在一起,在人民中生根、长大、结果,做人民最忠实的勤务员。

我要以坚强的毅力,忘我的劳动,刻苦学习,做好工作,争取见到毛主席。

——1961年10月1日

我是在1958年夏开始学习毛主席著作的。经过学习,提高了阶级觉悟,武装了头脑,增强了本领。我在学习过程中,始终坚持用学习到的理论、观点对照联系自己的思想、劳动和周围的一切实际事情。这么一联系,不仅加深了对理论的理解,而且更有助于政治理论的提高。如通过学习毛主席所写的《中国社会各阶级的分析》和《关于正确处理人民内部矛盾的问题》这两篇文章,我清楚地明白了,不同的阶级有不同看法和说法……今后,我还要更好地学习,更好地为党的事业而奋斗。

——1962 年 6 月

坚决听毛主席的话,努力学习马克思主义的理论,并做到理论联系实际,做好各种工作。

——《整顿党的作风》《毛泽东选集》

第三卷第 1013 页书眉笔记

工人阶级是最先进、最觉悟、最有组织纪律、最有前途的阶级。工人阶级在旧社会(资本主义社会),受剥削受压迫最深,生活不如牛马,要求革命最坚决,革命最彻底。我国人民在工人阶级先锋队——伟大的中国共产党的正确领导下,取得了革命的伟大胜利,取得了社会主义。

——《论人民民主专政》《毛泽东选集》

第四卷第 1483 页书眉笔记

这篇文章好得很,对我的启发教育极大,我要继续深入反复地学习。

学习毛主席看问题两点论的观点。

学习毛主席的实践观点。

学习毛主席的阶级斗争观点。

学习毛主席的群众观点。

学习毛主席批评与自我批评的观点。

学习毛主席谦虚谨慎的观点。

学习毛主席善于团结的观点。

学习毛主席全心全意为人民服务的观点。

我坚决永远学习毛主席的思想、观点和方法,永远做毛主席的好战士。

——《全党团结起来，为实现党的任务而斗争》

《毛泽东著作选读》第53页书眉笔记

此文章不仅揭露了美帝国主义的本质和侵略中国的罪证，给对敌抱有幻想的人敲了警钟；更重要的是体现了毛主席不断革命的思想。我们永远对敌人不能抱任何幻想，只有树立长期斗争的思想，才能取得革命的彻底胜利。

——《丢掉幻想，准备斗争》

《毛泽东著作选读》第88页书眉笔记

人们常说：什么藤结什么瓜，什么阶级说什么话。

——《实践论》（单行本）第2页书眉笔记

理论应该联系实践，改造思想，指导行动。

——《实践论》（单行本）第13页书眉笔记

坚决听毛主席的话，满腔热忱地去参加各种实际斗争，不断提高自己，做好工作，为共产主义事业献出毕生精力。

——写在《实践论》（单行本）书封上

四、党的光辉照我心

党和领导叫怎么做，就不折不扣地按党的指示去做。这样，就是有再大的困难，也有办法克服；再艰巨的任务，也能完成。相反,如果脱离了领导,不听党的话,光凭个人的心愿去做事情,是很难做好的,甚至要犯错误。有些同志思想进步慢,工作成绩差,是什么原因呢?我认为原因只有一个,就是自以为正确,不听党的话,不听群众的话,明明自己的看法不对,也不改正;明明领导和同志们的意见是正确的,也不诚恳地接受。这样,就会落后。

党的声音,就是人民的声音。

听党的话,就会开放出事业的花朵!

——1959年8月30日

1958年入厂的时候,我只是一个抱着感恩的思想埋头苦干的工人,在生产上只能做到完成自己的任务和达到每天的定额。

后来,在党的教育下……才使我的思想和眼界变得更加开朗和远大,才使我的干劲越来越高涨。

由于党的教育,我懂得了这个道理:一朵鲜花打扮不出美丽的春天,一个人先进总是单枪匹马,众人先进才能移山填海。

——1959年10月

可以说在我的周身的每一个细胞里,都渗透了党的血液。

为了忠于党的事业……今后,我一定要更好地听从党的教导,党叫我干什么,我就干什么,决不讲价钱……

——1960年2月

1960年11月8日,是我永远不能忘记的日子。今天,我光荣地加入了伟大的中国共产党,实现了自己最崇高的理想。

我激动的心啊!一时一刻都没有平静。伟大的党啊!英明的毛主席!有了您,才有了我的新生命。我在九死一生的火坑中挣扎和盼望光明的时刻,您把我拯救出来,给我吃的、穿的,还送我上学念书。我念完了高小,戴上了红领巾,加入了光荣的共青团,参加了祖国的工业建设,又走上了保卫祖国的战斗岗位。在您的不断培养和教育下,使我从一个孤苦伶仃的穷孩子,成长为一个有一定知识和觉悟的共产党员。

伟大的党啊,您是我慈祥的母亲!我所有的一切都是属于您的,我要永远听您的话……永远做您忠实的儿子。

今天我入了党,使我变得更加坚强,思想和眼界变得更加开阔和远大。我是一个共产党员,人民的勤务员。为了全人类的自由、解放、幸福,哪怕高山、大海、巨川;为了党和人民的事业,就是入火海,进刀山,我甘心情愿,头断骨粉,身红心赤,永远不变。

——1960年11月8日

党和毛主席救了我的命,是我慈祥的母亲。我为党做了些什么?当我想起党的恩情,恨不得立刻掏出自己的心;当我想起我所经历的一切太平凡了的时候,我就时刻准备着;当党和人民需要我的时候,我愿意献出自己的一切。

——1965年5月4日

今天早上起来,我感到格外的高兴,原因不是别的,昨晚我梦见了伟大的领袖毛主席。正好今天又是党建立40周年的诞生日。今天,我有向党说不尽的话,感不尽的恩,表不完为党终生奋斗的决心。

我,一个孤苦的穷孩子,今天成长为一个解放军战士,光荣的共产党员,并当选为抚顺市人民代表,这一切是我做梦也想不到的。可以肯定地说,没有共产党,就没有我。每当朋友和同学们及许多不相识的同志来信称赞我,羡慕我的进步的时候,我就感到很不安。我像一个学走路的孩子,党像母亲一样扶着我,领着我,教会我走路。我每成长一分,前进一步,这里面都渗透着党的亲切关怀和苦心栽培。

……

亲爱的党,我慈祥的母亲,我要永远做您忠实的儿子……为建设社会主义和实现共产主义而献出自己的全部力量,直至生命。

——1961年7月1日

昨晚我连车辆紧急集合,×××同志搬电瓶发动车时,洒了一些电瓶水,衣服上沾了不少。因电瓶水是硫酸和蒸馏水混合而成的,腐蚀性大,结果他那条新棉裤烧了几个大口子。今天我看他很不高兴,着急找不到黄布补裤子。我立即拆掉自己的棉帽衬洗干净(棉帽衬是黄布做的),在夜里,当他睡着了,我用棉帽衬那块黄布偷偷地给他把新棉裤补好了。×××知道这件事后,便激动地对我说:"班长!你对我太关心了……"

——1961年12月20日

我今天能够参加团里的党代大会,感到特别的高兴和激动。回顾十多年前,我还是一个穷苦的孤儿,吃不饱,穿不暖,过着饥寒交迫的苦日子。

……自从来了伟大的共产党和英明的毛主席,我才脱离苦海见青天。

伟大的党啊——我慈祥的母亲,是您把我从虎口中拯救出来,抚育我成长。

是您,给了我无产阶级的思想。

是您,给我指出了前进的方向。

是您,给了我前进的动力。

是您,给了我一切……敬爱的党——我慈祥的母亲,我只有以实际行动来感恩。

一、坚决听党的话,一辈子跟着党走。

二、刻苦学习,忘我劳动,积极工作,完成党交给我的任务。

三、永远忠于党,忠于人民,为共产主义事业奋斗终生。

——1962年2月14日

今天是我永远不能忘的日子。像我这样一个穷孩子,能光荣地参加这次沈阳部队召开的首届团代会,感到万分的激动,能见到上级首长,直接听到首长的报告和指示,更是感到荣幸。首长特邀我参加这次隆重的团代会,并选我为毛主席团的成员,能和首长坐在一起,能和来自四面八方的英雄模范见面等等,这一切都是我过去做梦也想不到的。我这次参加团代会,既感到高兴,又感到惭愧。高兴的是:有党和毛主席的好领导,全军共青团工作取得了巨大的成就;惭愧的是:我为党和人民做的工作太少了,比起其他的代表,我差得太远了。但我决不甘心落后。我想,只要听党和毛主席的话,积极肯干,就能为祖国为人民做出许多好事。我相信自己,别人能做到的事,我一定能做到。我决不辜负党和人民对我的期望,决心从以下几个方面努力:

(一)永远听党和毛主席的话,党指向哪里,我就冲向哪里,处处以整体利益为重,全心全意为革命工作,勤勤恳恳,踏踏实实,在平凡细小的工作当中,干出不平凡的业绩。

(二)好学:我要认真学习毛主席的著作,刻苦钻研技术和业务……决心做个又红又专的革命战士。

(三)我要密切联系群众,相信群众,虚心向群众学习,团结带领群众一同前进,永不自满,永不骄傲,永远谦虚谨慎,紧紧地与群众团结在一起,共同为党的伟大事业而奋斗。

(四)我要积极肯干,做到说干就干,干就干好,脚踏实地、实事求是地干,千方百计地干,事事拣重担子挑,顺利时干得欢,受挫折时也要干得欢,扎扎实实地干,一定要把事情办好。

——1962年2月19日

我懂得,一个人只要听党和毛主席的话,积极工作,就能为党做很多好事情。但,一个人的力量毕竟是有限的,走不远,飞不高,好比一条条小渠,如果不汇入江河,永远也不能汹涌澎湃,一泻千里。

——1962年3月9日

今天是党的生日。在这个伟大的节日里,我激动的心啊,像大海里的浪涛一样,不能平静。

在十多年前,我还是个孤苦伶仃的穷孩子,过去的生活,把我折磨得人不像人,鬼不像鬼,害得我上天无路,入地无门,万恶的旧社会,就是这样的黑暗、无情和残酷。正当我处在生死的关头,来了伟大的共产党和英明的毛主席,把我从虎口拯救,给我吃的、穿的,送我读书,给我带来了无穷的温暖和幸福。党像慈母一样,哺育着我长大成人。是党给了我生命;是党给了我幸福;是党给了我无产阶级的思想;是党给我指出了前进的方向;是党给我开辟了前进的道路;是党给了我前进的力量;是党给了我的一切。

今天,我当了家,做了国家的主人,得到了自由和幸福,内心是何等的感激党和毛主席啊!我时刻都想掏出自己的心,献给伟大的党。

忆过去,我刻骨地痛恨三大敌人。

想今天,我万分地感激党和毛主席的恩情。

望将来，我信心百倍，浑身是劲，坚决要为共产主义事业奋斗到底。

为了党，我愿洒尽鲜血，永不变心。

为了革命，为了阶级的最高利益，我时刻准备着，挺身而出，牺牲自己的一切。

为了人类的解放事业——共产主义，我要献出自己的毕生精力和整个生命。

——1962 年 7 月 1 日

五、生命里有段当兵的岁月

这天是我永远不能忘记的日子，这天是我最大的荣幸和光荣的日子。我走上了新的战斗岗位，穿上了黄军服，光荣地参加了中国人民解放军。我好几年来的愿望在今天已实现了，真感到万分的高兴和喜悦，这是我一生最大的幸福。

在党的正确领导下，在革命的大家庭里，我一定要好好地锻炼自己，在入伍的这一天，我并提出如下保证：

一、听党的话、服从命令听指挥，党指向哪里，我就冲向哪里。

二、加强政治学习，多看报纸和政治书籍，按时参加部队各种会议和学习，积极宣传党的政策，密切靠近组织，及时向组织反映各种情况，不断提高自己的政治思想觉悟。

三、尊敬领导，团结同志，互帮互爱互学习。

四、严格遵守部队一切纪律，做到虚心向老战士学习，刻苦钻研，加强军事学习，随时准备打击敌人。

五、克服一切困难，发扬长辈优良的革命传统。我要坚决做到头可断、血可流，在敌人面前决不屈服、投降。我一定要向董存瑞、黄继光、安业民等英雄的战士学习。

六、我要努力学习政治、军事、文化，我要好好的锻炼身体，我一定要在部队争取立功当英雄，我一定要做一个毛泽东时代的好战士，我要把我可爱的青春献给祖国最壮丽的事业。

以上六条是我努力的方向和我的奋斗目标，今天我太高兴我太激动，千言万语一定要写完是办不到的，因此写到这里告一段落。

我渴望已久的参加中国人民解放军的理想实现了，怎么叫我不高兴呢！我恨不得把我的心掏出来献给党才好。晚上我怎么也睡不着，我的心就像大海的浪涛一样，好久不能平静。

我，一个在旧社会受苦受罪的穷苦孤儿，居然成为一个国防军战士，得到党和首长的信任，受到战友们的热爱，我真不知说什么好……

在这个革命的大家庭里，首长胜过父母，战友亲过兄弟，这一切，只有在党领导下的人民军队里才能得到……

我一定不辜负党对我的教育和期望，我决心保持和发扬×××矿全体职工的光荣；军政学习争优秀，全心全意保卫国防，成为一个优秀的国防战士。

——1960年1月8日

今天我到达海城后，上午作了一场报告，下午我和郅顺义老英雄见了面。老英雄抚摸着我的头，紧紧地握着我的手，亲切地问我多大年纪，什么时候入伍的，同时还倒给我一杯茶。当时，我的心像抱着一只小兔子一样，嘣嘣直跳，有一肚子话可不知咋样说好。我听说老英雄是董存瑞的亲密战友，我的心像压不住似的要往外蹦,万分敬佩和羡慕地叫他给我讲董存瑞的英雄事迹。我听他说:"董存瑞是六班的班长,我是七班的班长。在1948年5月25日打隆化县的时候,董存瑞在爆破组,我在突击组,我们的任务是要去炸掉敌人的4个碉堡和5个地堡。我们两个组牺牲了6个人,每组只剩下两个人了,董存瑞对我说:'就是剩一个人也要坚持战斗,不完成任务不回队!'在炸最后一个碉堡的时候,董存瑞手举着炸药包,炸掉了敌人的碉堡,完成了战斗任务,我敬爱的革命战友董存瑞就这样英勇地为党的事业而光荣地牺牲了。"我听到老英雄讲完董存瑞的英雄事迹后,我的心像大海的浪涛一样,久久不能平静,我感动得满眼热泪直掉。

董存瑞英雄对敌人万分地愤恨,对党和人民无限地忠诚,在战争当中,英雄顽强,丝毫不畏缩,为人民的解放牺牲自己。董存瑞英雄是我永远学习的好榜样,我一定要为党和阶级的崇高事业,随时准备牺牲自己的一切,直至生命。

郅顺义老英雄是我永远学习的榜样,他在战斗当中,勇敢坚定,机动灵活。他俘虏敌人140多人,缴获机枪40多支。他勇敢地消灭了敌人,保存了自己。

董存瑞和郅顺义两英雄的事迹,深深地教育了我,给了我莫大的鼓舞和无穷的力量,我一定要时刻用这些英雄的事迹来鞭策自己,永远忠于党,忠于人民。

——1961年2月3日

我在《前进报》上看到了共产党员郑春满同志舍己救人的英雄事迹后,感动得流出了眼泪。他在抢救两个孩子的生命与怒涛漩涡搏斗中,光荣地献出了自己的宝贵生命。我为失去一个这样好的阶级兄弟而感到十分沉痛。同时,也为有这样一个在党和毛主席领导下，在革命军队洪炉里熔炼成长起来的真正优秀的阶级兄弟而感到光荣和骄傲。

郑春满同志的这种见义勇为、舍己救人的英雄行为，表现了无产阶级的最高尚的品德，充分地反映了人民军队的本质。毛主席教导我们："紧紧地和中国人站在一起，全心全意地为中国人民服务，就是这个军队的唯一的宗旨。"他忠诚地按照毛主席的教导，把自己锻炼成为一个真正的革命战士。我要学习他那舍己救人的精神，为共产主义奋斗终生。

——1961年5月2日

今天是星期日，我出了一天公差，帮炊事班做饭。一方面给大家改善生活，做点好吃的；另一方面让炊事员很好地休息一下，以处理一些个人的琐事。

晚饭后，指导员集合全连的同志开了一个会，布置下星期的工作，同时还宣布了上级的一个命令，提升我当副班长……今天提升我当副班长，完全是党对我的高度信任和大力的培养。我不辜负党和首长对我的期望。从今天起，我要更好地听党和首长的话，并牢记毛主席教导："我们都是来自五湖四海，为了一个共同的革命目标，走到一起来了。""我们的干部要关心每一个战士，一切革命队伍的人都要互相关心，互相爱护，互相帮助。"坚决按毛主席指示办事，努力学习马克思列宁主义和毛泽东思想，处处坚持政治挂帅，事事以身作则，用阶级友爱的精神关心每个同志。以自己的实际行动，去影响和帮助同志，时时严格要求自己，全心全意为党工作，为战友们服务。耐心帮助同志们提高共产主义觉悟，组织大家更好地学习毛主席著作，用毛主席的思想指导一切行动，和全班的同志团结一心……

——1961年5月14日

我在哨所周围来回流动，脑子里一个转又一个转地想着，汽车、油库、国家的许多财产、全连的安全，都掌握在卫兵的手里，如果麻痹大意，不提高警惕，万一敌人破坏，那将给国家和人民造成多大的损失。我感到自己责任的重大。比起红军长征的时候，天天打仗，经常几天几夜得不到休息，还是那样坚强勇敢、英勇奋战，我呢？又感到惭愧。人民的子弟兵，祖国的保卫者，这个光荣的称号又使我感到高兴，我宁愿站到天亮也乐意。

——1961 年 9 月 20 日

有的同志晚上不愿意站岗。白天工作学习忙，比较疲劳，晚上睡得甜蜜蜜的，叫起来站岗，是有一点不是滋味。可是，他们没有想到，站岗是党和人民交给我们的一项光荣而艰苦的任务。每次轮到我站岗的时候，不管是白天或黑夜，烈日或严寒，我总是很愉快地去执行了。这是因为我时刻想到：我们是伟大的中国人民解放军，是祖国的保卫者，是人民最可爱的人。

——1961 年 10 月 18 日

今天下了大雪，刮着刺骨的北风。为了使车辆经常保持良好的技术状态，随时开得动，我和韩玉臣同志主动到车场保养车辆。双手拿着冰冷的工具，调整和修理铁的机器，的确冷得很，有时手拿着铁的机件，就把手和机件粘在一起了。特别是双手伸到汽油里去清洗机件，更把手指冰得好像针扎一样，我真想去烤烤火。可是，一想起连长在军人大会上的报告："在三九天里保养车是一个艰巨的战斗任务，过硬的功夫是在冰天雪地锻炼出来的。"我感到有一股暖流立刻传遍了全身，觉得有了无穷的力量，打消了烤火的念头，继续清洗机件。经过八个多小时野外苦战，终于把汽保养好了。虽然手冻裂了口子，但是锻炼了自己的意志，提高了技术。

——1962年1月16日

《黄继光》这本书，我不止看过一遍，而是含着激动的眼泪，一字字一句句地读了无数遍，甚至我能把这本书背下来。我每当看完一遍，就增加一分强大的力量，受到的教育也一次比一次深刻。它对我的启发和鼓舞极大。英雄黄继光之所以能为人类的解放事业做出伟大的贡献，是因为他高度的阶级觉悟，对敌人恨之入骨，对党对人民，对革命事业无限忠诚。

我要学习黄继光那种坚定的无产阶级立场，学习他勇敢坚强的革命意志；学习他的高贵品质；学习他关心别人比关心自己还重；学习他兢兢业业为党工作的精神；学习他勤劳朴实的性格；学习他谦虚好学渴求进步的精神；学习他为祖国人民英勇战斗的精神。

现在我是普通一兵，对党和人民没做出什么贡献，但是我有决心，永远听党和毛主席的话，紧紧跟着党和毛主席走，永远忠于党，忠于人民，兢兢业业为党工作一辈子，老老实实为人民服务，坚决完成继光未完成的事业。我随时准备着献身祖国，必要时，我一定要像黄继光那样，贡献自己的生命，做祖国人民的好儿子。

——1962年4月15日

今天下午，从我们部队驻地的一座大山上，下来一个磨剪刀的人。他在我们部队驻地的屋前屋后转来转去，鬼鬼祟祟地像要找什么东西似的，不一会又拿出本子记下什么。

我发现他在一家门前磨剪刀，还一边问老乡："此地驻多少军队?他们干什么?"另外还说:"现在的世道要变了,蒋介石在反攻大陆了……"我想:他问这个、说这些干什么呢?

我是人民的保卫者,决不能放走一个可疑的人。这种责任感促使我上前,盘问那个磨剪刀的人。

"你从哪来?"

"河北。"

"干什么的?"

"磨剪刀的。"

"有什么证明?"

"没有。"

"你身上带了些什么东西?"

"五六十元钱,一个记账本。"

"你把记账本拿出来看看!"

"记了几笔账,没什么看头。"

"怎么?不让看吗?"

"好吧!你要看就看吧!"

我翻开记账本,发现他把我们正在进行国防施工的地名和部队驻地地址及部队番号等都记了下来。

"你写这干啥?"

"这地方我刚来,记下地址以后再来就好找了。"

"你写部队的番号干什么?"

"想找一个熟人。"

"找谁?叫什么名字?"

"姓张的,叫什么名字我记不起来了。"

"你不是说熟人吗?为什么不知道什么名字呢?"

他慌慌张张地答不上来了。看这人的言行可疑,我把这件事立即报告了首长。首长找他问话的时候,他装着一副可怜的样子,神情很不正常,说话牛头不对马嘴。为了把这件事弄清楚,首长派人把他送到当地公安局。后来,公安局的同志打电话告诉我们说:"那个磨剪刀的人是个反革命分子……"

同志们知道这消息后,都纷纷议论说:"反革命不消灭,人民就不能安宁,我们要想永远过好日子,就要时刻提高警惕,握紧枪杆,擦亮眼睛,坚决、彻底、全部消灭敢于侵犯和破坏我们社会主义建设的敌人。"

——1962年6月29日

必须提高纪律性,坚决执行命令,执行政策,执行三大纪律八项注意,军民一致,军政一致,全军一致,不允许任何破坏纪律的现象存在。

我要严格遵守纪律、国家纪律、法令及部队各种条例、条令,尊重首长,热爱同志,搞好团结,做个遵守纪律的模范。

——1962年

六、为人民服务是无限的

昨天我向于助理员请好了假,去辽阳化工厂看我原来的厂领导和工人。今天早上从沈阳乘火车到了辽阳市。因没赶上火车,我到了辽阳市武装部,见到了余政委。他像自己的父亲一样,左手握着我的手,右手抚摸着我的头,微笑地说:"小雷锋,我昨天在日记本子里还看到你以前给我的那张相片,我还想起了你,真想不到你今天来这里。"他带我到办公室,亲切地问我在部队的情况，我激动地向首长汇报了自己的工作和学习情况。余政委听了说："好，应当好好干，把自己的力量献给党的事业。"8点钟了，他送我到车站。下午7点钟，我乘火车到了安平，7点半钟就到了我原来的工厂——焦化厂。我走进党总支办公室，熊书记、李书记、吴厂长看见是我回来了，真是高兴。我也非常兴奋，好像见到了自己的亲人一样。他们真是热情地招待，给我倒茶，还给我做了饺子和鱼吃，把我安置在一间很温暖的房子里睡觉；还带我到厂内参观了现代化的机器生产。我见到了许多以前和我一起工作的同志，感到高兴万分。他们有的还介绍了生产情况。我看到新建的焦炉都出焦了，想起自己为这焦炉的建筑贡献过一滴汗水，从心眼里感到十分骄傲和自豪。

——1960年11月6日

毛主席教导我们说："任何新生事物的成长都是要经过艰难曲折的。在社会主义事业中，要想不经过艰难曲折，不付出极大努力，总是一帆风顺，容易得到成功这种想法只是幻想。"

共产党所以能够领导人民群众，正因为，而且仅仅因为，它是人民群众的全心全意的服务者，它反映人民群众的利益和意志，并努力帮助人民群众组织起来，为自己的利益和意志而斗争。

——1961年4月15日

热情，像熊熊的火焰，是一切的原动力！
有了伟大的热情，才有伟大的行动！
今天是星期日。有的同志叫我上街看电影，我想起了一件事：党号召要大办农业，以粮为纲。在这风和日丽的春天里，正是农忙的季节，公社的社员们都在紧张而又忙碌地耕地、播种。我是一个农家的孩子,现在虽然成了一名祖国的保卫者,可是我有责任支援农业,改变农村的面貌,为农业早日机械化、电气化贡献一点力量。

想到这些,我哪里有心看电影呢?拿着铁锹跑到了抚顺李石寨人民公社万众生产大队,和社员们一起翻地。他们的革命干劲深深地教育和鼓舞了我,他们建设新农村的革命热情是万分高涨的。我真正懂得了群众的力量能移山填海,只有群众的力量是无穷无尽的,一个人的力量总是沧海一粟。我决心永远和群众牢牢地记在一起,为人类最美好幸福的生活而斗争。

——1961年4月16日

现在,我们国家处于困难的时期。我们是国家的主人,应该处处为国家着想,事事要精打细算,不能今朝有酒今朝醉,明日愁来明日忧。我们要奋发图强,自力更生,克服当前存在的暂时困难,坚决反对大吃大喝,力戒浪费。

……

同志,您是否意识到您的一切生活在幸福之中?可能意识不到,也可能意识到。当您能吃到一顿饱饭,穿上一套衣服,能当家作主,自由地生活,您有如何的感觉呢?有一种说不出的幸福感。这是党和毛主席给您带来的,是革命前辈流血牺牲给您带来的。

——1961年4月28日

"你们有许多的长处,有很大的功劳,但是你们切记不可以骄傲。你们被大家尊敬,是应当的,但是也容易因此引起骄傲。如果你们骄傲起来,不虚心,不再努力,不尊重人家,不尊重干部,不尊重群众,你们就会当不成英雄和模范了。过去已有一些这样的人,希望你们不要学他们。"

毛主席的这一段话,对我有很大的启发和教育。十多年来,我在党的不断培养和教育下,提高了政治思想觉悟,树立了为共产主义事业奋斗到底的雄心大志,因此在各项工作和学习中取得了一点点成绩,党和人民给予了我很大的荣誉。自从去年各报刊和广播电台介绍了我的情况以后,收到了全国各地许多青年的来信。今天党对这样信任,同志们对我这样尊重,我一定要更加虚心,尊重大家,努力学习,忘我工作,时刻牢记毛主席的教导,永远做一个人民的小学生。

——1961年6月29日

我看见有6位六七十岁的老太太来参加抚顺市第四届人民代表大会,内心十分羡慕和尊敬。我看到她们就好像看到了自己的祖母一样。拉着她们的手,微笑地向她们问好,并把她们一个个送到宿舍,给她们倒茶、打水……并和她们有趣地拉家常……从阶级友爱出发,我不但爱这些老太太,而且爱全国人民,爱全世界的劳苦大众。他们都是我的亲人,我要为他们的自由、解放、幸福而贡献自己毕生的全部精力,直至最宝贵的生命。

——1961年8月6日

人民的困难,就是我的困难,帮助人民克服困难,贡献自己的一点力量,是我应尽的责任。我是主人,是广大劳苦大众当中的一员,我能帮助人民克服一点困难,是最幸福的。

——1961年9月11日

我觉得一个真正的革命者,他是大公无私的,所作所为,都是对人民有益的,他的责任是没有边的……

——1961 年 10 月 10 日

人的生命是有限的,可是,为人民服务是无限的,我要把有限的生命,投入到无限的为人民服务之中去……

——1961 年 10 月 20 日

过去,我是孤苦伶仃的穷光蛋。

现在,我是一个光荣的共产党员,国家的主人。

将来,我永远是党的忠实儿子,人民的勤务员。

——1962 年 2 月 26 日

今天给一营二连拉粮食。上午 8 时从×××山出车,9 时半左右就到达了抚顺粮站。这趟车是副司机开的。因他缺乏驾驶经验,遇到紧急情况,就手忙脚乱起来,因此,轧死了老乡的一只鸭子。我立即叫他停车,向老乡道歉,并给老乡赔偿了两元钱,使老乡没意见,很受感动。

——1962 年 8 月 8 日

我觉得一个人活着,就应把毕生精力为人类解放事业——共产主义全部献出。

我决心向黄继光、董存瑞、张思德、向秀丽等英雄学习,为人类解放事业——共产主义献出一切,直至生命。

一个人,只要大公无私,处处从党和人民的利益出发,兢兢业业为党工作,老老实实为人民服务,就是一个有益于人民的人。

一个人只要他不存私心,时时刻刻考虑人民的利益,全心全意地去为人民服务,他就能成为一个道德高尚的人。

加强工作责任心，对同志对人民要忠诚，要热情，要关心，要互相帮助。

——《纪念白求恩》《毛泽东著作选读》第 32 页书眉笔记

共产党之所以能够领导人民群众，正因为，而且仅仅因为，它是人民群众的全心全意的服务者，它反映人民群众的利益和意志，并努力帮助人民群众组织起来，为自己的利益和意志而斗争。

——《关于正确处理人民内部矛盾的问题》

第 17 页书眉笔记

七、"给"总比"拿"愉快

我在鞍钢开推土机时，车间主任给了我一个任务，要我带3个学员。自己的技术不高，又怎能教好学员呢？可是，我想到这是党给我的任务，我一定要坚决完成。在驾驶和学习机器构造原理时，我和他们互相研究，我不懂就去请教其他师傅，而后再告诉他们。他们只用4个月就学会了推土机。毕业后，工厂要给我36元带学员的师傅钱，我没要。我学的技术是党培养的，今天告诉别人是应该的。

——1959 年 11 月 20 日

望花区成立了一个人民公社，我把平时节约下来的100元钱，支援了他们；辽阳市遭受了洪水的灾害，我把省吃俭用积存的100元钱寄给了辽阳灾区人民。有些人说我是"傻子"，是不对的。我要做一个有利于人民、有利于国家的人。如果说这是"傻子",那我是甘心愿意做这样的"傻子"的。革命需要这样的"傻子",建设也需要这样的"傻子"。我就是长着一个心眼,我一心向着党,向着社会主义,向着共产主义。

——1960年8月20日

今天我从营口乘火车到兄弟部队作报告(新旧社会对比的报告),下车时,大北风刺骨地刮,地上盖着一层雪,显得很冷。我见到一位老太太没戴手套,两手捂着嘴,口里吹一点热气温手。我立即取下了自己的手套,送给了那位老太太。她老人家望着我,满眼含着热泪,半天说不出话来……一路上,我的手虽冻得像针扎一样,心中却有一种说不出的愉快。

——1961年2月2日

今天是农历大年初一,全连的同志都高高兴兴地到和平俱乐部看剧去了。我呢?为了在春节期间给人民做一件好事,吃过早饭后,我背着粪筐,拿着铁锹到处地拣粪。大约拣了三百来斤粪,我送给了抚顺望花区工农人民公社,并给公社党委和社员写了一封这样的祝贺信。

敬爱的工农人民公社党委和全体社员们:

你们好!在这新春佳节里,我怀着万分高兴的心情给你们写这封信,首先向你们致以亲切的慰问!祝你们身体健康,节日愉快。

我是人民的子弟兵,我一定要握紧枪杆,保卫我们的社会主义建设,保卫世界和平。我要永远忠于党,永远做好人民的勤务员。我愿为党和人民的事业,献出自己的一切,直至生命。

……我利用春节放假期间,拣了几百斤大粪送给你们公社,支援农业。我用这几百斤大粪作为春节献给你们的礼物,表表自己的心意。

敬爱的公社党员和全体社员们:

让我们在党和毛主席的英明领导下……发愤图强,艰苦奋斗,鼓足冲天的革命干劲,克服目前暂时的困难,为争取今年农业大丰收而奋斗吧!

——1961年2月15日

今天早上接到上级首长的指示,要我到旅顺海军部队汇报。上午10点15分,我乘火车离沈(阳)去旅(顺)。列车上的旅客很多,我看服务员忙不过来,心想,自己是一个共产党员,共产党员的全部任务就是全心全意为人民服务。在这种情况下,我应当做一名义务服务员,为旅客服务。我把自己的座位让给了一个老大娘,自己在车上找到了一把扫把,挨个扫完了整个车厢,接着又擦玻璃和车厢,而后给旅客倒开水。有个老太太很亲切地对我说:"孩子,看你累得满头大汗,该休息啦。"我回答说:"没什么!"一个大尉首长站起来握着我的手说:"大家应该向你学习。"我对首长说:"为人民服务这是我应尽的义务。"

列车在飞奔,旅客们个个心情舒畅,有的打扑克,有的唱歌,有的唠家常,还有的妇女逗小孩,广播员播送各种新闻和好听的歌曲,整个车厢充满了愉快和欢乐。

"旅客们注意啦!现在我们车厢要选一位旅客安全代表。"乘务员说。一位旅客站起来说:"选这位解放军同志,大家同不同意?"旅客们异口同声地说:"好。"我真感到这是同志们对我高度的信任,那么,应该更好地关心大家。和旅客打交道,真好极了,原先不认识的,也认识了,亲热得像一家人一样,真是有啥说啥。旅客们有事都找我,但我并不感到麻烦,反而觉得荣幸……

——1961年4月23日

毛主席指示我们:"要提倡勤俭建国。要使全体青年们懂得,我们的国家现在还是一个很穷的国家,并且不可能在短时间内根本改变这种状态,全靠青年和全体人民在几十年时间内,团结奋斗,用自己的双手创造出一个富强的国家。社会主义制度的建立给我们开辟了一条到达理想境界的道路,而理想境界的实现还要靠我们的辛勤劳动。有些青年人以为到了社会主义就应当什么都好了,就可以不费气力享受现在的幸福生活了,这是一种不实际的想法。"

毛主席的话给了我深刻的教育和启发。根据我国目前的情况来看,还存在着许多困难。为着克服这些困难,都要十分地听党和毛主席的话,一切做长期打算,注意节约。

今天司务长发给我两套军衣和两套衬衣,我只各领了一套,剩下那两套衣服给了国家,以减少国家的开支,支援祖国的建设。

——1961年4月30日

抚顺市人民代表大会已经开了4天,今天是最后一天了。市委负责同志代表全市人民的心意,送给了我们一份礼物(一斤苹果)。当我拿着这斤用红纸包着的苹果,内心特别激动。回想起自己过去那种无依无靠到处流浪的苦日子,总觉得现在的党和人民胜过自己的亲生父母,对我太关心了。我想:自己好了,不能忘记为人民而负了伤的阶级兄弟。于是我把这份苹果又转给了住在卫生连的伤病员同志,自己虽然没吃着,但是心里比吃了这斤苹果还要甜十分。

————1961年8月7日

我要牢记这样的话：永远愉快地多给别人，少从别人那里拿取。这种共产主义精神，我要在一切实际行动中贯彻。

今天，我听战友佟占佩说：没有日记本了，手中无钱买，我立即把自己一本最新的日记本送给了他。这仅仅是一点小意思。我愿意把自己所有的东西，包括生命献给党和人民……

————1961年10月12日

一个共产党员是人民的勤务员，应该把别人的困难当成自己的困难，把同志的愉快看成自己的幸福。

————1962年2月12日

我要永远愉快地多给别人，毫不计较个人得失……

————1962年3月7日

今天部队发放了夏天的服装，本来每人发两套军服，两双胶鞋……我想，当前国家正处在困难时期，再说，我们的国家还很穷。可是党和人民对我们却还这样无微不至的关怀，使我从内心感激党和人民的关怀。党和人民对我们这样好，可是也不能烧火棍一头热呀！我们也得为党和人民着想，应当积极响应党的号召，发愤图强，自力更生，处处做到增产节约，发扬我军艰苦朴素、勤俭节约的优良传统。

为了和人民群众同甘共苦，减轻人民的负担，共同克服目前的困难，我只领了一套单军服、一双新胶鞋，其他用品也少领了。以前用过的东西，我都修补好了，继续使用。穿破了的衣服补好了再穿。我觉得就是现在穿一套打了补丁的旧衣服，也比我过去披的破烂衣服要好千万倍啊……

——1962 年 5 月 8 日

八、多做平凡事，少说漂亮话

今天，我感到特别地高兴。一天紧张工作过后，一点儿也不觉得疲劳，我感到浑身是劲。夜晚，我还坐在车间调度室里，看一本学习毛泽东同志的思想方法和工作方法的书，真使我看得入了迷，越看越感到毛主席的英明和伟大。

突然下起雨来了。陈调度员说，我们建筑焦炉工地上，还散放着7200袋水泥。陈调度员急得一时手足无措。这时，我猛然想到了党的教导，要我们爱护国家的财产，又想到了我是一个共青团员。想到这些，一种无穷的力量鼓舞着我，跑到宿舍，发动了二十多个小伙子，组织了一个抢救水泥的突击队，有的忙着找雨布，有的忙着找芦席，盖的盖，抬的抬，经过一场紧张的战斗，避免了国家的财产受到重大的损失。

这时，我才松了一口气，抹掉了头上的汗，带着乐观的心情，昂首阔步回到了宿舍，回忆自己为国家、为党做的一点点工作而高兴。

——1959 年 11 月 14 日

中午12点，我刚从车间开完会回到宿舍，一进门就被大家围住了。小王拿着一张报纸跑到我跟前说："雷锋同志，你看，你上次在雨夜抢救水泥，登了共青团员报了！"当时，我也和大家同样感到高兴。这对我和大家来说,都是很大的鼓舞……我这么一点点贡献,比起党对我的要求和希望还是做得很不够的,但是我有决心忘我地劳动,赤胆忠心,不骄不傲地乘胜前进,多为党做一些工作,这就是我感到最光荣的。

——1959 年 11 月 26 日

"虽然是细小的螺丝钉,是个微细的小齿轮,然而如果缺了它,那整个的机器就无法运转了,别说是缺了它,即使是一枚小螺丝钉没拧紧,一个小齿轮有破损,也要使机器的运转发生故障的。"

"尽管如此,但是再好的螺丝钉,再精密的齿轮它若离开了机器这个整体,也不免要当做废料扔到废铁料仓库里去的。"

——1960 年 1 月 2 日

多做日常细小平凡的工作,少说漂亮话。因此,我经常打扫卫生,掏厕所,捡大粪,在日常生活中养成热爱劳动的习惯,总想多做事,少说话。我乘火车时,给旅客倒水,扫车厢,擦玻璃,让别人多得些方便,自己辛苦一点,这是我感到最愉快的。

——1961 年 9 月 10 日

高楼大厦都是一砖一石砌起来的,我们何不做这一砖一石呢?我所以天天都要做这些零碎事,就是为此。

——1961 年 10 月 16 日

我看厕所的粪池满了,立即动手把大粪掏出来,虽然牺牲了自己一上午的休息时间,但是厕所里弄得很干净了。人家开玩笑地说我是一个大粪夫。我觉得当一个大粪夫是非常光荣的。1959

年参加北京群英会的时传祥同志,不就是一个掏大粪的工人么?我要是能够当一个这样的大粪夫,那该多荣幸啊!

——1961年10月17日

今天起床后,我们参加了后勤处的生产劳动。到地里后,有的同志没按计划带工具,本来叫带10把镐头、6把锄头,结果只带了2把镐头、5把锄头,影响了生产。

这件事,对我的启发教育很大。我认为不按计划办事,害处很大。今天所见仅仅是生产当中的一件小事,大事何不如此呢?我感到无论做什么,一定要事先有计划,不能盲目乱干。只有按计划办事,才能圆满完成任务。

——1962年7月30日

今天是星期日,本来应该休息。可是因为任务重、工作忙,再加上汽车行驶里程到了二级技术保养期间,我想:完成任务要紧,保养好车辆重要,牺牲个人休息嘛,没有什么。因此,我还是照常工作。上午调整了汽车各部间隙,换了手制动片。下午送工作组首长到我团工作,一路很平安……

——1962年8月5日

九、对同志像春天般的温暖

今天吃过早饭,连首长给了我们一个任务:上山砍草搭菜窖……劳动到了12点,大家拿着自己从连里带来的一盒饭,到达了集合地点,去吃中午饭。当时,我发现王延常同志坐在一旁看着大家吃,我走到他面前一看,他没有带饭来,于是我拿了自己的饭给他吃,我虽饿点,让他吃饱,这是我最大的快乐。我要牢牢记住这段名言:

"对待同志要像春天般的温暖,

对待工作要像夏天一般的火热,

对待个人主义要像秋风扫落叶一样,

对待敌人要像严冬一样残酷无情。"

——1960年10月21日

目前我们的军事训练很紧张,干部战士的工作、学习简直忙得不可开交,晚饭后的一个小时休息时间,大家都主动地到地里搞生产,有些战友连上街理个发的时间也抽不出来。根据这种情况,首长给我们买了三套理发的工具,要我们自己互相理发,可是又没有人懂得理发的技术,都是外行。咋办呢?学习了毛主席的著作后,心里开了窍,毛主席说:"你要有知识,你就得参加变革现实的实践。"还说:"要使不懂得变成懂得,就要去做去看,这就是学习。"毛主席的话,给了我很大的启发。我利用业余时间,跑到附近的理发店,请教理发师,在理发师的耐心指导和帮助下,学会了基本的操作方法。

我第一次给战友刘正武理发时,总是感到手不顺心,推剪夹头发,一个头还没有理到一半,他说剪刀夹的头发痛,不剪了。开头一次学理发失败了。

但我并没有灰心,又拿起毛主席的书来看,毛主席说:"任何新生事物的成长都是要经过艰难曲折的。在社会主义事业中,要想不经过艰难曲折,不付出极大努力,总是一帆风顺,容易得到成功,这种想法,只是幻想。"这就告诉了我,无论做什么,都不是轻而易举,要想把事情办好,一定要经过艰苦的努力,不怕失败,从失败中吸取教训,取得成功。在毛主席的思想指导下,我鼓足了勇气,午休不睡觉,跑到理发店继续学习,在理发师的热情帮助下,一次、两次、三次,终于学会了理发。现在战友们都愿意要我理发了,到了星期六或星期日,我就忙不开。以前不要我理发的刘正武战友,也主动地要我给他理发了。

——1961年5月20日

　　高奎云同志是新调来我班的一个好同志。他出身好,家庭贫农,过去受过苦,现在革命热情高,工作能吃苦。他来自农村,学习少,政治觉悟比较低,对各种问题的看法有时片面……和同志们比较起来是落后了。我觉得这个同志有一个最大的特点,就是敢于改正缺点和错误。从这点来看,还是有办法的。我们班有的同志对他的看法不好,说他是个落后分子,就因他调到我们班,有的同志不大满意……针对这个矛盾,我组织大家学习了毛主席的有关著作。毛主席说:"共产党员对于落后的人们的态度,不是轻视他们,看不起他们,而是亲近他们,团结他们,说服他们,鼓励他们前进。"通过学习和讨论,大家统一了认识,改变了态度。

　　高奎云同志调到我班的第三天就病了。我想起了毛主席的教导:"我们都是来自五湖四海,为了一个共同的革命目标,走到一起来了。""我们的干部要关心每一个战士,一切革命队伍的人都要互相关心,互相爱护,互相帮助。"我觉得自己有重大责任去关心他,体贴他,给予他温暖。一清早,我请卫生员给他看了病,并给他打开水吃药,打洗脸水,给他洗脸,做病号饭送给他吃,把自己的棉大衣给他盖在身上,安慰他好好休息。到澡堂洗澡的时候,我给他擦澡……在生活方面我给予他适当的照顾。他激动地对我说:"班长,你对我太关心了,人心都是肉长的,我再不好好干,也说不过去了。"第四天一早,他就主动地打豆子去了。我们吃早饭的时候,他打了一麻袋豆子背了回来。

——1961年10月14日

今天是星期日,我没有外出,给班里的同志洗了5床褥单,帮高奎云战友补了一床被子,协助炊事班洗了600多斤白菜,打扫了室内外的卫生,还做了些零碎事……总的来说,今天我尽到了一个勤务员应尽的义务,虽然累了一点,也感到很快活。班里的同志感到很奇怪,不知道谁把褥单都洗得干干净净。高奎云同志惊奇地说:"谁把我的破被子换走了?"其实他不知道是我给他补好的呢!我觉得当一名无名英雄是最光荣的。今后还应该多做一些日常的、细小的、平凡的工作,少说漂亮话。

——1961年10月15日

今天,刘兴学同志上街看电影,没有请假。首长批评了他,可是他很不高兴,背后说:"当兵真不自由,处处受纪律的束缚。今天人民自己当家作主,谁也用不着管谁。"我听到这些话,立即向他作了解释:我们青年人要把自己培养成为一个具有共产主义道德的人。我们不能忘记了培养共产主义道德品质的一个重要方面,就是以自觉遵守纪律的精神来锻炼自己。你不管去战斗,去劳动和工作、学习等,都必须遵守纪律。就是我们的日常生活,也得有纪律。如果我们没有纪律的话,我们可以想象到,我们的社会将会成为什么样子呢?人人自由行动,社会必须会混乱起来,就像乐队队员们在演奏时不听指挥一样,你干你的,我干我的,一定会弄得杂乱无章,不成音乐了。我还举例对刘兴学同志说:比如上课吧,有一个不遵守纪律的学生故意在课堂上闹,故意出洋相,逗人家笑,这就会妨碍别人专心听讲,使课堂教学无法顺利进行,影响了大家学习的自由。我们需要哪种自由,难道还不明显吗?同时,也正因为今天我们人民自己当家作了主,就更应该表现出有纪律有教养,而不应该扰乱我们自己的秩序。

经过摆事实、讲道理,刘兴学同志想通了,提高了认识,承认了自己违反纪律不对……表示今后很好地守纪律。

——1962年4月27日

十、学习要善于挤和钻

汽车驾驶经验:会车时,因为灰尘大,让发动机熄火,利用惯性冲力滑行,等飞扬的尘土消失后再开电门,每当汽车开到灰尘较大的路线上,停下车子,用涂有黄油的大布给滤清器戴上"口罩"。

不要抢道,遇到会车、险道、便道、过桥过河、上下坡、拐弯,要"慢、让、站、看"。正常行驶中,保持40公里左右的速度。保证车况良好,安全生产,持续运行,从实际效果上看,这种慢就是快,否则快就是害。

只要人听党的话,车子就会听人的话。

我们光感到新社会好,还是很不够的,还要用自己的劳动使它变得更好。

汽车是党和人民给我们建设社会主义的武器,每个驾驶员爱不爱这个武器,爱到什么程度,这决定于每个驾驶员的阶级觉悟。

事实证明：只要付出了艰苦的劳动，车子就会听使唤。平时不愿下苦心，不肯做艰苦细致的工作，要想车况好，那就像坐着不动，想让苹果掉到嘴里来一样，是根本不可能的事。

——1961年3月

挤时间读书：早起点，晚睡点，饭前饭后挤一点，行军走路想着点，外出开会抓紧点，星期假日学点。

如果不积累许多个半步，就不能走完千里。

——1961年4月

工作和学习的关系就像点灯加油一样：点灯如果不加油，就会变得暗淡无光，只有不断地加油，灯才会明亮。人只有不断地努力学习，才不会迷失方向，做好工作，否则就会落后，甚至犯错误。我懂得了这个道理后，越学越想学，哪怕有一点空余时间，我也要看看书报，增长自己的知识。现在我学习的很不够，决心继续努力，勤学、苦学、发奋学。我要学习一生，战斗一生。

——1961年9月10日

有些人说工作忙、没有时间学习。我认为问题不在工作忙，而在于你愿不愿意学习，会不会挤时间。

要学习的时间是有的，问题是我们善不善于挤，愿不愿意钻。

一块好好的木板，上面一个眼也没有，但钉子为什么能钉进去呢？这就是靠压力硬挤进去的，硬钻进去的。

由此看来，钉子有两个长处：一个是挤劲，一个是钻劲。我们在学习上，也要提倡这种"钉子"精神，善于挤和善于钻。

——1961年10月19日

今天我一口气看完了《中国青年》杂志上徐老(特立)写给晚辈的几封家信。越看越感到浑身是劲,越看越觉得亲切,越看越想看。特别是徐老说的:"一个共产党员应当什么都知,什么都能,什么都学,什么都干,什么人都交,什么生活都过得下去。"这些话对我来说,是有很大启发和教育的,也是我应当知道的,必须要做的。我要永远牢记徐老这些有益的话,并且要贯穿于一切言论和行动之中,决心把自己锻炼成为一个名副其实的共产党员,为人类作出贡献。

——1962年2月3日

十一、谦虚使人进步

授奖大会上的发言:我这样一个孤苦伶仃的穷孩子,今天能够参加这样光荣的大会,心中感到十分光荣,万分感激党对我的教育和培养。我的一切都是党给我的。光荣应该归于培养教育我成长的党,应该归于热情帮助我进步的同志们。

我懂得一朵花打扮不出春天来,只有百花齐放才能春色满园的道理。

一花独秀不是春,百花齐放春满园。

——1959年9月

一、加强修养,努力学习团纲、团章和有关团员修养的书籍,处处听党的话……

二、把自己的全部力量献给党的建设事业,在生产中,一定完成任务,一红到底,有一分热发一分光。

三、虚心向群众学习,并以团员的模范作用,带动群众前进。

四、掌握批评与自我批评的武器,经常向支部汇报自己的思想情况,在支部的直接领导、监督下,努力改造自己的思想。

——1959年10月

由于党的教育,我懂得了这个道理:一朵鲜花打扮不出美丽的春天。一个人先进总是单枪匹马,众人先进才能移山填海。

——1959年10月

早上六七点钟,我和朱主席以及其他几位代表们坐火车到了弓矿开先进生产者、红旗手以及工段以上的干部大会。

当我一走进会场,真把我吸引住了。会场布置得是那么的庄严、美丽,上午9点钟会议正式开始。首长党委高书记宣布了大会主席团名单,其中有我一个,当我走上主席台时,我那颗火热的心是多么地激动啊!像我这样一个放猪流浪出生的穷孩子,今天能参加这样的大会,同时还把我选为主席团的成员。我是党的,光荣应该归功于党,归功于热情帮助我进步的同志们。

——1959年12月7日

在今天的授奖大会上,工程兵党委授予我模范共青团员的光荣称号,我真感到十分惭愧。我为党做的工作太少了,仅仅尽了一点点本身应尽的义务,党和人民却给了我这么大的荣誉。我的慈祥的母亲——中国共产党把我哺育大的,要是没有党和毛主席,就没有我的一切。今天我所取得的这一点点成绩,应归于不断培养教育我成长的党和毛主席,应归于热情帮助我进步的同志们。

我决心继续努力,保持荣誉,发扬光大……

——1960 年 11 月 27 日

……

毛主席说:"没有满腔的热忱,没有眼睛向下的决心,没有求知的渴望,没有放下臭架子、甘当小学生的精神,是一定不能做,也一定做不好的。"

我在党和毛主席的不断哺育和教导下,健康地成长起来。由于政治觉悟的不断提高,树立了为共产主义而奋斗的大志,在工作和学习中取得了一点点成绩,这应该归功于党,归功于帮助我的同志们。我一定永远牢记毛主席的教导,永远做群众的小学生。

——1960 年 12 月 28 日

我做事,老好一个人去干,不爱叫别人,生怕人家不高兴。就拿扫地来说,我每天早上忙得不可开交,有的同志却闲着没事,自己累得够呛,可是扫的地段不大。有时室外卫生没有及时打扫,首长看了不满意,我为这个问题真有点着急。

今天连长找我谈话,句句打动了我的心。他说:"火车头的力量很大,如果脱离了车厢,就起不到什么作用。一个人做工作,如果脱离了群众,就会一事无成……"连长的话给了我很大的教育和启发,使我懂得了一个人只有和集体结合在一起才能最有力量。今天我发动了全班的同志打扫卫生,由于大家一齐动手,很快就把室内外打扫得干干净净,事实证明连长的话是正确的。今后我无论做什么,一定要走群众路线,依靠群众,发动群众,团结群众,一道为社会主义建设和实现共产主义而贡献力量。

——1961 年 10 月 2 日

1961年已经胜利度过。回顾入伍两年来,在党和上级的耐心培养教育下,不断地提高了阶级觉悟,懂得了热爱同志和集体,懂得了怎样做人,懂得了党的号召就是我们行动的指南。由于我在实际工作和行动中,做出了一点成绩,部队党委授予我"模范共青团员"和"节约标兵"的光荣称号,并给我记了二等功一次,三等功两次。这使我内心十分激动。因为我所做的是每个共产党员应尽的义务,而且距离党和上级的要求还差得远,获得一些成绩也是党的教育和同志帮助的结果。

在新的一年中,我决心继续努力,做各项工作中的红旗手,关心同志,关心集体,处处、事事、时时起模范带头作用;更高地举起毛泽东思想红旗,努力学习毛主席著作……

——1962年1月1日

雷锋呀,雷锋!我警告你牢记:千万不可以骄傲。你永远不能忘记,是党把你从虎口中拯救出来,是党给了你一切……至于你能做一点事情了,那是自己应尽的义务。你每一点微小的成绩和进步都应该归于党,要记在党的账上。我一定听党和毛主席的话,把我的青春献给世界上最壮丽的事业——为人类解放而斗争。

——1962年2月27日

骄傲的人,其实是无知的人。他不知道自己能吃几碗干饭,他不懂得自己只是沧海一粟……

这些人好比是一个瓶子装的水,一瓶子不满,半瓶子晃荡,可是还晃荡不出来。这有什么值得骄傲的呢?

——1962年3月2日

今天吃早饭,我看到炊事班的饭盆里有很多锅巴,便随手拿了一块吃。炊事员刘太顺同志说:"自觉点啊!"我听了这句话,心里很难受,觉得吃一块锅巴有什么?赌气把那块锅巴放在饭盆里,走了出来。这时,通信员送来了一张报纸。我接过来就看,首先看了报纸上毛主席的语录。毛主席说:"因为我们是为人民服务的,所以,我们如果有缺点,就不怕别人批评指出。不管是什么人,谁向我们指出都行。只要你说得对,我们就改正。"我一口气把这段话念了十多遍,越念越后悔不该和炊事员赌气。我自己问自己:"你多不虚心呀!人家批评重一点,你就受不了啦!"想来想去,我还是硬着头皮跑到炊事班,承认了自己拿锅巴吃不对,并检查了自己的缺点。炊事员感动地说:"你对自己要求这么严,真是好同志……"

——1962年3月24日

我们要真正学到一点东西,就要虚心。譬如一个碗,如果已经装得满满的,哪怕再有好吃的东西,像海参、鱼翅之类,也装不进去,如果是空的,就能装很多东西。装知识的碗,就要像神话中的"宝碗"一样,永远也装不满。

——1962年3月28日

今天我看了一位科学家对青年讲的一段话,对我的启发教育很大。他说:"你在任何时候,也不要以为自己什么都知道。不管别人怎样器重你们,你们都要有勇气对自己说:'我没有学识!'决不要陷于骄傲。因为一骄傲,你们就会固执起来;因为一骄傲,你们就会拒绝别人的忠告和友谊的帮助;因为一骄傲,你们就会丧失客观方面的准绳。"

这些好得很,我不但要永远,而且要贯彻到言语行动中。

——1962年8月9日

今天，我认真学习了一段毛主席著作，其中有两句话对我教育最深。毛主席教导我们说："虚心使人进步，骄傲使人落后"。这是千真万确的真理。过去，我在一切言论或行动中，按主席的教导做了，因此我进步了；现在，我仍要牢记主席的这一教导，坚决努力，要求自己更好地做到这一点。

今后，我要更加珍爱人民和尊敬人民，永远做群众的小学生，做人民的勤务员。

——1962年8月10日

思想教育应该是经常的，长期的。正如洗脸一样，一天不洗，脸上的脏东西和灰尘就洗掉了，要是长期不洗，脏东西和灰尘就会在脸皮上结成壳，人家看了，肯定骂你是懒汉。人的思想也是这样，如果不经常教育，不用正确的思想克服错误的思想，思想就会出毛病。思想上背了包袱，工作就会消极，干劲就不足，各项任务就不能完成。我们应该重视思想教育，无论干什么事，只要把人的思想搞通了，一切就好办了。

——《论联合政府》《毛泽东选集》

读 书 笔 记

_____年_____月_____日